Na dinâmica da vida

Dados Internacionais de Catalogação na Publicação (CIP)
(Câmara Brasileira do Livro, SP, Brasil)

Mayer, Canísio

Na dinâmica da vida : dinâmicas criativas para diferentes momentos da vida / Canísio Mayer. – Petrópolis, RJ : Vozes, 2004.

ISBN 85. 326. 3068-5

Bibliografia

1. Auto-ajuda – Técnicas 2. Dinâmica de grupo 3. Mudanças de vida – Acontecimentos – Aspectos religiosos 4. Vida – Aspectos religiosos I. Título.

04-5538 CDD-260

Índices para catálogo sistemático:

1. Dinâmicas criativas : Cristianismo 260

Canísio Mayer

Na dinâmica da vida

Dinâmicas criativas para diferentes momentos da vida

EDITORA
VOZES

Petrópolis
2004

Rua Frei Luís, 100
25689-900 Petrópolis, RJ
Internet: http://www.vozes.com.br

Editoração: Ana Kronemberger
Revisão: Professora Ana Elvira Casadei Iorio
Organização editorial: Marilac L.R. Oleniki
Projeto gráfico e capa: AG.SR Desenv. Gráfico

ISBN 85.326.3068-5

Este livro foi composto e impresso pela Editora Vozes Ltda.

Dedicatória

DEDICO este livro a muitas pessoas amigas! Pessoas que têm nome, história e sonhos! Algumas consigo nominar... outras ainda não. Todas, porém, na rima da palavra, todas na melodia da música, todas na orquestra do amor, todas na DINÂMICA DA VIDA.

Lúcia, Oscar, Ivone, Antônio, Claci, Anita, José, Nelsi, Rosa, Jacó, Ilse, Fernanda, Valdir, Dimas, Dionei, Jaqueline, Jackson, Níveo, Maico, Marcieli, Elveni, Toni, Jandir, Gelson, Elena, Glóvis, Rita, Darlei, Diane, Dirce, Roque, Guido, Sílvio, Tiago, Adilson, Hugo, Jacob, Eleonora, José Conrado, Elena Joana, Pedro, Luzmar, Basam, Paulinha, Veridiana, Antoune, Lygia, Sérgio, Beto, Angélica, Solange, Elisete, Marilac, Inês, Marli, Eliete...

Uda, Luca, Omar, Nolar, Lorenice, Ubiratã, Osvaldo, Dolores, Drica, Zé Luiz, Lara, Luisinho, Carla, Neide, Cris, Carolina, Andreano, Gisela, Silvio, Lorena, Edenilse, Viviane, Léia, Lukinha, Josiane, Ana, Márcia, Cacá, Délcio, César, Jacinta, Chantal, Gaby, Auricéia, Peter, Cleusa, Alencar, Ilo, Ritinha, Inês, Marcinha, Débora, Savas, Patrícia, Poliana, Sula, Jocelita, Alexandre, Jussara, Pedro, Louvani, Elisete, Moema, Heloísa, Tânia, Orestes...

Carla, Daniel, Luiz Antônio, Luiz Pedro, Karla, Camilo, Célio, Renato, Elma, Eliete, Lúcio, Claudete, Edu, Elaine, Vanderlei, Edilene, Vera, Caetano, Erik, Clóvis, Arnaud, Chico, Cláudia, Anelise, Jociléia, Anísia, Ricardo, Márcio, Thiago, Cilene, Maria, Eliane, Ana, Melissa, Fátima, Suely, Cristina, Lauro, Guiaume, Joana, Mônica, Fabiane, Gaston, Edu, Vany, Maurício, Micheline, Mário, Sirlei, Francine, Malu, Quirino, Luiz Carlos...

Isabela, Larri, Carla, Águeda, Álvaro, Tânia, Isabel, Tiônio, Odálcio, Silvério, Clarice, Mateus, Érica, Beta, Silvana, Salete, Beto, Sinésio, Beatriz, Simone, Bruno, Susane, Ivo, Rafael, Ingrid, Roberto, Raquel, Paulo, Luci, Nica, Adelita, Janete, Jair, Inácio Luís, João Renato, Carlos, Keko, Hildegard, Elza, Paulo, Lisete, Silvia, Bita, Zenilde, Luiza, Geraldo, Sabrina, Saraí, Isnar, Sandra, Darlene, Rose, Ferreira, Catherine, Fábio, Patrízia, Zanetti...

Antônio, Olga, Dunga, Letícia, Rafael, Leonardo, Gabriel, Alice, Guga, Ana Cecília, Francesco, Adauto, Dani, Elmo, Vânia, Antoune, Elisa, Zé, Beto, Álvaro, Tom, Sônia, Ivo, Tercílio, Adri, João Batista, Luciano, Ilo, Thais, Kiko, André, Dione, Alex, Tereza, Larissa, Cândido, Karen, Paulinho, Marlene, Elena, Casagrande, Silvaninha, Mário, Miguelito, Jorge, Jociléia, Mateus, Joice, Simão, Venita, Luciane, Nenén, Marcelo, Agda, Vanessa...

Niva, Sérgio, Cláudia, Heny, Abreu, Bárbara, Nice, João, Marcelo, Miche, Dantas, Elmo, Beto, Lara, Nara, Rebecca, Neco, Marcão, Gerson, Margarida, Regina, Ninha, Marcela, Eliane, Vando, Evídeo, Sidônia, Inelda, Eunice, Marlise, Dalores, Fefê, Elma, Salete, Clari, Maria Tereza, Denise, Inocência, Simone, Clóvis, Jaqueline, Miguel, Ana Maria, Lucca, Renata, Mônica, Marília, Amélia, Mara, Claudino, Neide, Ancila, Iraci, Vany, Roberto...

Adriana, Olga, Daiane, Edilene, Veronique, Elena, Zuleide, Marlene, Juca, Dani, Abreu, Humberto, Daniela, Dulce, Elma, Vanildes, Jô, Botelho, Enirda, Alê, Rita, Aninha, Renan, Ademar, Diziane, Míriam, Aristides, Kelly, Lula, José Afonso, Marlise, Marcos, Ilde, Val, Marilene, Dani, Rosinha, Carol, Rosana, Patrícia, Nilza, Andréia, Lu, Mareida, Paty, Naila, Valquíria, Ana Elvira, Rogério, Maria Cristina, Laércio, Luíza, Nonato, Rô, Gabriela...

Sumário

Apresentação

Sabe aqueles livros que nossos olhos namoram por horas a fio, que vão nos enchendo a alma, onde as palavras que procurávamos se encontram e ao mesmo tempo são surpreendentes? Palavras que nos levam para novos horizontes, para novas perspectivas de vida, para novas experiências, novas vivências... Para novos jeitos, novas maneiras, novo ardor, nova esperança...

Sabe aqueles livros nos quais transbordam significado e mística, nos quais jorra água viva, água capaz de saciar a sede? Pois a vida de quem escreve se testemunha por eles.

Muitas pessoas – jovens, adultos, crianças, adolescentes... – já sentiram este frio na espinha e encontraram o silêncio cheio de sons, de música, de ritmos do gosto da leitura, do prazer de se deixar tocar, da alegria de existir, de viver... de saborear intensamente cada momento de ser.

Canísio é uma pessoa que acolhe o que ele é.
Ama o que faz.
Faz o que ama.
Neste livro partilha conosco algo do que aprendeu e vivenciou,
"socializa" o que de graça recebeu
e o que conseguiu com o seu esforço e carinho.

Canísio, com o seu jeito místico e acolhedor
de contar histórias, partilhar vivências,
nos presenteia com este livro de dinâmicas
que traz a mística e a praticidade necessárias
de quem aceitou o chamado e a missão de com-viver
com pessoas de bem: jovens, crianças, adultos...

Todos amigos comprometidos com a construção da vida
Com a civilização do amor.

Quando a vida é testemunhada,
Tudo vira canção,
Tudo vira uma orquestra.
As pessoas, os grupos, o mundo
Precisam de canções como este livro,
Para embalarem seus sonhos
Para re-inventarem a alegria de viver.

O próprio autor num de seus textos inspirados nos convida, dizendo:

"Venha e vamos unir nossas mãos,
pois sozinhos não seremos felizes.
De mãos dadas, vamos irrigar o nosso chão;
De mãos dadas, vamos perfumar o caminho;
De mãos dadas, nosso coração bate mais forte;
De mãos dadas, nossos passos são mais confiantes,
De mãos dadas, nossa vida tem sentido..."

Parabéns, Canísio!

Nós todos agradecemos.

Bianca Sordi Stock

Introdução

A vida é dinâmica e é uma dinâmica, é um mistério em constante revelação. Ela nos é dada e, ao mesmo tempo, é uma tarefa que nos cabe. A vida está diante de nossos olhos, está ao nosso alcance, quer ser acolhida, assumida, amada... vivida plenamente. Ela quer ser o "fio condutor" da história humana.

A vida é o que nos faz, nos impulsiona,
somos todos nós com nossas qualidades e limites.
A vida é a nossa realidade e os nossos desejos,
é a nossa ternura e seriedade,
é a nossa vontade e gratuidade,
é a nossa imaginação e criatividade,
é a nossa esperança que não cansa de esperar e de fazer acontecer.

Nós não queremos uma vida sem sabor. Queremos, sim, viver com sentido e com prazer. Este livro deseja e quer:

- ✗ resgatar o bom humor e o sabor de viver;
- ✗ descobrir ou redescobrir a alegria de viver de forma solidária;
- ✗ ressuscitar a vontade firme de sermos construtores do nosso cotidiano;
- ✗ colaborar por uma nova civilização da tolerância e da paz, uma civilização do respeito, da justiça e do amor;
- ✗ socializar e partilhar o que recebemos gratuitamente e o que conquistamos com o nosso esforço;
- ✗ re-inventar o amor realista, pé no chão e que, também, levanta vôo;

✗ retomar a grandeza de olhar nos olhos e de se aproximar;

✗ redescobrir o calor no abraço;

✗ acolher a liberdade no sonhar juntos...

Enfim, é um livro não de mera leitura, mas que traz consigo uma proposta de vida. Ele deseja instaurar, no coração de cada pessoa, uma experiência, uma vivência capaz de dar sentido ao ser e ao fazer.

O trabalho com dinâmicas faz com que cada pessoa seja o que é por vocação: sujeito de sua vida. Trabalhar com métodos participativos, envolventes e alegres é ir ao encontro dos grandes desejos do ser humano que quer ser protagonista do seu dia-a-dia, de suas decisões, de suas atividades, de seu presente, futuro... enfim, da sua vida.

> Somente aos corajosos
> é dada a alegria de mergulhar em águas profundas.
> Somente aos que alimentam grandes sonhos
> é dado o sabor de viverem cada minuto com o máximo de participação.
> Somente os que são capazes de olhar numa mesma direção
> são capazes de viver cada dia como se fosse o primeiro,
> o mais importante e o último dia de sua vida.

Este livro deseja ir ao seu encontro. Deseja caminhar com você. Busca iluminar a sua vida para que seja vivida

> com mais força e motivação,
> com maior ardor e entusiasmo,
> com maior vibração e sinfonia,
> com uma nova mística e sabor,
> com renovado dinamismo e amor.

Vivencie as propostas sugeridas NA DINÂMICA DA VIDA. Presenteie os seus amigos para que eles também vivam com maior prazer, sabor e sentido. Que as dinâmicas criativas do presente livro façam a nossa vida sempre mais viva, mais verdadeira, mais solidária... mais dinâmica.

Canísio Mayer

Para o bom uso do livro

As dinâmicas são reveladoras de um modo de ser, de viver e de compreender determinados aspectos da vida e da vida como um todo. Não são meras técnicas aplicáveis a determinados grupos. São, sim, um meio e um instrumental que deseja levar pessoas e grupos a fazerem uma experiência. Esta traz em seu bojo um fermento, uma luz, uma novidade, uma motivação e um dinamismo capazes de levar os participantes a um amor e liberdade sempre mais comprometidos.

O trabalho com dinâmicas traz consigo diversas características e recomendações importantes, tais como:

- ✔ trata-se de um dos métodos mais eficazes para o nosso tempo, pois faz com que cada participante seja protagonista de seus atos, de suas decisões e da própria vida;
- ✔ o mais importante não é o muito falar sobre determinadas temáticas, mas levar os participantes a experimentarem o sabor e o valor daquilo que está sendo refletido;
- ✔ o êxito de uma dinâmica vivenciada depende, em grande parte: da escolha de um lugar agradável para o encontro, da preparação e motivação, da participação generosa dos participantes como também da criativa preparação dos passos da dinâmica por parte da equipe coordenadora ou de um(a) coordenador(a);
- ✔ as propostas sugeridas neste livro não são dinâmicas fechadas. Devem passar pelo discernimento e pelo "filtro" da equipe coordenadora. Querem ser adaptadas:
  - ✗ à realidade e à região de onde são os participantes do encontro;

- ✗ às expectativas e desejos dos participantes;
- ✗ à idade e maturidade dos interessados;
- ✗ aos frutos que se deseja com o encontro. Portanto, são dinâmicas abertas e em constante construção.

✔ a equipe coordenadora tem uma função importante tanto na preparação, encaminhamentos e vivência das dinâmicas como também na interpretação e avaliação das mesmas. É aconselhável que esta equipe seja formada por várias pessoas para engrandecer a riqueza de um trabalho conjunto, isto é, nas adaptações das dinâmicas aos diversos grupos, na criatividade de fazer o encontro agradável, na animação, na distribuição de tarefas e responsabilidades e na coordenação dos momentos... Neste ministério de assessoria ou de coordenação deverão:

- ✗ evitar qualquer moralismo na interpretação das dinâmicas, pois esta atitude inibe o deslanchar de um processo. O bom coordenador é aquele que é "*manso como uma pomba e prudente como uma serpente*". O que é essencial é a maneira como a dinâmica bate e ressoa no coração dos participantes. Os coordenadores devem ter sensibilidade, empatia e capacidade de ajudar – pedagogicamente – aos participantes a transcenderem o "aqui e agora", o imediatismo, as visões curtas...;
- ✗ a "*interpretação de uma dinâmica faz parte da mesma*": eis uma sábia e reveladora afirmação. Este princípio deve ser considerado em toda a sua amplitude. Daí a importância de o coordenador possuir as características de liberdade, sensibilidade e uma grande capacidade de escuta, mesmo quando a interpretação do participante seja contrária ao que ele pensa;
- ✗ os membros da equipe coordenadora deverão estar em constante discernimento para perceberem, junto ao grupo, da necessidade ou não de momentos de partilhas em pequenos grupos ou de momentos de reflexão individual ou mesmo de descanso;

✗ deve estar "equipada" e preparada com outros textos, poemas, reflexões... como possibilidade de aprofundamento de uma dinâmica. No final deste livro há três textos que poderão ser uma ajuda significativa;

✗ o coordenador dos passos da dinâmica deve ter consciência e firmeza daquilo que deseja propor ao grupo e os participantes, por sua vez, clareza daquilo que lhes é pedido;

✗ é fundamental nunca levar os participantes à exaustão de um trabalho. A equipe deverá, sim, terminar o encontro quando ainda existe um gostinho de "*quero mais*". Este procedimento deixará o grupo motivado para posteriores trabalhos;

✗ cabe, ainda, à equipe coordenadora a docilidade e a sabedoria sobre o tempo dado a cada dinâmica. O livro não delimita os tempos, pois isso dependerá da caminhada de cada grupo e do tempo disponível para cada vivência;

✗ sobre o número de participantes o ideal é que não seja um grupo muito grande. Desta forma o aprofundamento poderá ser mais personalizado e haverá possibilidade para uma maior participação. Contudo, isto não tira a possibilidade de se oferecer um trabalho para um grupo grande. Esta postura exigirá uma melhor preparação e coordenação por parte de quem coordena.

Todas as dinâmicas deste livro obedecem à seguinte estrutura ou lógica:

✔ Título da dinâmica;

✔ Frase motivacional;

✔ Objetivo;

✔ Intenção da dinâmica;

✔ Número de participantes;

✔ Propondo material;

✔ Desenvolvimento;

✔ Refletindo e conversando;

✔ Frase conclusiva.

De um modo geral, o trabalho com dinâmicas pode ser dividido em quatro grandes momentos:

✔ Primeiro: **acolhida e encaminhamentos**. Uma dinâmica começa com uma boa preparação, com os encaminhamentos necessários para a vivência da mesma: local, disposição da sala, símbolos, músicas instrumentais, material necessário... Porém, não esquecer que a acolhida carinhosa e sincera dos participantes é fundamental. É aí que começa uma dinâmica. Criar um clima familiar de bem-estar e de confiança é o caminho;

✔ Segundo: **motivação e vivência**. Um trabalho para ser frutuoso necessita ser motivado: distribuindo o material caso seja necessário e clareando os passos ou momentos que serão vividos por todos. Após a motivação, o essencial é proporcionar o tempo necessário para a vivência – envolvente e responsável – da dinâmica. O coração de uma dinâmica está na sua vivência. Dar tempo ao tempo para que este momento seja bem vivenciado;

✔ Terceiro: **interpretação e continuidade**. Este momento é tão importante como os dois anteriores. A equipe coordenadora terá a missão de levar os participantes a uma interpretação daquilo que viveram durante a dinâmica:

✗ buscando um jeito criativo e envolvente de os participantes retomarem o que experimentaram ao longo da dinâmica;

✗ não se antepondo à interpretação dos participantes;

✗ buscando, através de um jeito provocativo, a participação do maior número possível de participantes;

✗ saberá escutar e fazer, no final, algumas ponderações em termos de aprofundamento ou acenando aspectos que não foram tocados na interpretação;

✗ ajudando a ponderar a continuidade do trabalho: Como o grupo vai continuar a sua caminhada? O que foi importante para cada participante e para o grupo? O que levam para a sua vida?

✗ Outras questões pertinentes no que tange à continuidade.

✔ Quarto: **avaliação**. Caberá à equipe coordenadora preparar e motivar os participantes para uma avaliação: quem revê, vê melhor. A avaliação poderá ser:

✗ sobre a importância e atualidade da dinâmica;

✗ sobre o modo como todos fizeram acontecer o encontro;

✗ sobre os frutos alcançados na vivência e na interpretação;

✗ sobre os pontos positivos, pontos a crescer e sugestões;

✗ "que bom", "que pena", "que tal";

✗ ou tendo presente as cinco maneiras aqui elencadas;

✗ ou outras maneiras de avaliação.

"O que torna belo o deserto
é que ele esconde um poço em algum lugar"
(Antoine Exupèry).

1
Dinâmica dos nossos hábitos

"As pessoas que vencem neste mundo são as que procuram as circunstâncias de que precisam e, quando não as encontram, as criam" (George Bernard Shaw).

Objetivo

Buscar um projeto de vida a partir de hábitos importantes no viver.

Intenções da dinâmica

Segundo a filosofia, o hábito se adquire repetindo certos atos.

Existem hábitos bons e que nos ajudam a melhor viver a vida e os compromissos diários. Existem, também, hábitos – ou manias – que atrapalham, fazem sofrer, podem se tornar vícios.

Esta dinâmica quer entrar em contato com uma das verdades da nossa vida. Quer ajudar a perceber quais são os hábitos que fazem parte da nossa vida cotidiana; quer ajudar a perceber se estes hábitos nos tornam mais livres, mais felizes ou se são um empecilho para isto; além disso, nos quer fazer mais livres em relação a eles e a buscar um projeto de vida a partir de alguns hábitos que são importantes no viver.

Número de participantes

Grupos médios ou grandes.

Propondo o material

- Caneta ou lápis.
- Folha de papel para cada participante.
- Cd com música instrumental.

Desenvolvimento

Primeiro passo: Motivar

1) Motivar os participantes para uma retomada de suas vidas sob o ponto de vista dos hábitos que fazem parte do dia-a-dia.
2) Ajudá-los a perceber como esses hábitos têm grande força sobre a pessoa: tanto para ajudar a construir a pessoa e o ambiente que a envolve, como também para atrapalhar e provocar estragos.
3) Motivar os participantes para que tenham um pé na dinâmica e o outro na vida cotidiana. Que não se esqueçam de fazer a necessária relação da dinâmica com a vida diária.

Segundo passo: Encaminhar a dinâmica

1) Os participantes – com uma folha e caneta em mãos – refletem e anotam sobre os hábitos que fazem parte da vida cotidiana deles.
2) Anotam pelo menos dez hábitos: muito bons, bons, menos bons e ruins. Aqui é importante lembrar que se trata de uma dinâmica, portanto, tudo o que acontece nela faz parte da mesma. O mesmo se diz em relação ao que cada um entende por hábito.
3) Deixar o tempo necessário para a retrospectiva da vida onde tentarão perceber os hábitos em relação:
   a) à higiene pessoal (como, por exemplo, de escovar os dentes, banhos, modo de se vestir...);

b) à alimentação: o que faz, como, o que não pode faltar, exigências...

c) à utilização do tempo no dia-a-dia...

d) ao lazer, descanso, vida lúdica...

e) aos meios de comunicação social: televisão, rádio, jornais, internet...

f) ao dinheiro, gastos, poupanças...

g) a Deus, ao grupo que pertence, comunidade...

h) aos amigos, amigas, companheiros(as) de trabalho...

i) ao passado: de negar, chorar, vibrar...

j) ao presente-futuro...

k) à sua casa, apartamento...

l) à utilização dos bens públicos: telefone, meios de transporte...

m) à saúde, às reclamações diárias, posturas de vida, férias...

n) pensar outros aspectos que fazem parte da vida diária dos participantes.

4) Aqui é importante não pressionar os participantes em relação ao tempo, pois é fundamental a percepção e a acolhida dos hábitos como sendo deles.

5) Enquanto vão refletindo e anotando dez ou mais hábitos – não menos de dez – pode-se colocar uma música instrumental.

Terceiro passo: E agora, o que fazer?

1) O coordenador convida os participantes para:

a) Viverem este momento em total silêncio.

b) Estarem atentos ao tipo de sentimentos que vibram no coração de cada um.

c) Não terem medo de vivenciarem profundamente o que é sugerido.

d) Um hábito que já foi riscado não poderá ser riscado uma segunda vez.

2) Eis alguns momentos que o coordenador sugere aos participantes:

a) "Cada um tenta dar uma olhada nos dez ou mais hábitos que anotou. Tenta perceber os hábitos que têm maior e menor importância na sua vida. E, agora, sem falar, risca dois hábitos que não são muito importantes na sua vida." Deixar um pequeno tempo para que risquem dois e que curtam o sentimento que esta decisão provoca no coração dos participantes.

b) "Tendo riscado dois hábitos, você tenta se projetar para frente, tentando se imaginar dentro de 15 anos: que idade terei, onde estarei, como serei...? E a questão é esta: O que dentro de 15 anos não será mais importante para você? Olhando para os hábitos, você risca um que não terá mais muita importância quando você estiver 15 anos mais velho." Deixar o tempo necessário.

c) "Permanecendo em silêncio e vencendo a tentação de querer falar, você troca a sua folha com a de alguém que está próximo. O importante é que ninguém fique com a sua própria folha. E todos são convidados a riscar um hábito na folha que pegaram. Não é possível consultar a pessoa. Lembre-se, apenas, que enquanto você está riscando um hábito que você considera não ser muito importante para aquela pessoa, alguém também está riscando um hábito seu. Deixar o tempo necessário para a reflexão, imaginação e o riscar de um hábito.

d) "Todos devolvem a folha ao seu dono. E, sem comentar nada, tentam perceber o que foi riscado e o tipo de sentimento que esta decisão provoca dentro de você. E vamos continuar a dinâmica. Desta vez pensando sobre como você poderá ser mais livre e feliz em sua vida. Pensando nisso, olhe para os hábitos que ainda não foram riscados e risque um que o ajudará a ser mais livre e feliz." Deixar o tempo necessário.

e) "De todos os hábitos que ainda não foram riscados, quais são os cinco – não mais nem menos – mais importantes para a sua vida daqui para a frente? Transcreva-os para o verso da folha, colocando-os em ordem de importância: do mais ao menos importante." Deixar o tempo para que este momento seja curtido com calma e profundidade.

f) "E agora você é convidado a fazer um projeto de vida dentro do qual colocará estes cinco hábitos considerados os mais importantes. Trata-se de um projeto de vida pessoal. Nele você se compromete a vivê-los de um jeito renovado, mais intenso... O projeto de vida é como uma bandeira de vida que você carrega. Nesta bandeira estão escritas duas, três, quatro, cinco ou mais frases com os cinco hábitos escolhidos por você como sendo os mais importantes; aqueles que pretende viver com nova força, novo ardor, novas cores, novo jeito de ser... com maior profundidade. Trata-se de elaborar algumas frases para que você se comprometa a viver a vida daqui para frente com mais sentido e sabor." Aqui é importante deixar um bom tempo para a elaboração do projeto de vida. Neste momento os participantes não precisam permanecer na sala. Podem caminhar, ocupar outros espaços conforme as condições do lugar onde acontece o encontro.

Quarto passo: Partilhar

1) Depois do trabalho anterior, aqui seria interessante favorecer um momento de partilha em grupo. Se o grupo não for muito grande, esta poderá acontecer entre todos os participantes. Se o grupo for numeroso, é aconselhável dividi-lo em grupos: de cinco a oito participantes em cada grupo.

2) A partilha poderá girar em torno de várias questões, tais como:

   a) O que você descobriu de novo fazendo a dinâmica dos hábitos?

   b) O que foi fácil e difícil nesta dinâmica?

   c) Qual a relação da dinâmica com a sua e a nossa vida cotidiana?

d) Quais são os cinco hábitos que você escolheu como os mais importantes?

e) Qual é o projeto de vida que você elaborou? E que meios o ajudarão a viver este sonho no seu dia-a-dia?

3) Elaborar outras questões sobre este tema. Estes poderiam ser motivo para um debate entre os participantes, tais como:

a) Que hábitos você detesta em você e em pessoas que estão próximas a você: no trabalho, família, lazer, rua, vida social...

b) O que você sonha em relação aos seus hábitos e aos hábitos das pessoas próximas de você?

c) Como você classifica os hábitos? Pode-se dizer que existem bons e maus hábitos. Teria outro tipo? Quais?

d) Pode-se terminar a partilha e o debate no grupo onde cada um poderia desejar ao outro um hábito que considera importante para ele continuar cultivando valores, uma mística de vida, um novo jeito de ser e de viver.

Refletindo e conversando

A dinâmica poderá seguir os passos aqui sugeridos e/ou outros. O coordenador deve ter presente a realidade dos participantes, deve ter presente a capacidade criativa que Deus lhe deu e os frutos que se quer alcançar com a mesma.

O tempo que se dá a cada passo passa pelo discernimento do coordenador ou da equipe coordenadora.

> "A verdadeira medida de um homem não é como ele se comporta em momentos de conforto e conveniência, mas como ele se mantém em tempos de controvérsia e desafio"
> (Martin Luther King).

2

Dinâmica:

Quem é quem?

"Nunca desprezes os teus amigos, porque se um dia eles te esquecerem, só teus inimigos se lembrarão de ti" (Provérbio chinês).

Objetivo

Aguçar a capacidade de escutar o outro, a criatividade e a identificação do outro e de si mesmo.

Intenções da dinâmica

Todo trabalho que se faz com alguma pessoa ou com um grupo de pessoas deve ter um objetivo ou deve perseguir alguns frutos que se deseja alcançar.

A dinâmica QUEM É QUEM? é muito interessante, envolvente e de bons frutos para a vida cotidiana de quem dela participa. Tem uma grande importância para os nossos tempos.

Além de ser uma dinâmica interessante em que a participação de todos é fundamental, ela ajuda a aprofundar questões da vida cotidiana, tais como: a capacidade de saber escutar o outro, a criatividade de representar uma pessoa através de um desenho, a importância da identificação do outro e de si mesmo...

Número de participantes

Grupo com menos de 30 participantes.

Propondo o material

1) Papel.
2) Caneta, canetinhas...
3) Fita para colar as representações sobre uma lousa ou parede.
4) Copo, ou chapéu, ou caixinha para colocar o nome dos participantes.

Desenvolvimento

Primeiro passo: Encaminhar

1) Dispor as cadeiras da sala de tal forma que todos os participantes possam se ver de frente.
2) O coordenador convida os participantes a escreverem, de forma legível, o seu nome sobre uma folha.
3) Em seguida, penduram ou colam esta folha de tal maneira que o nome seja visível a todos os participantes do encontro.
4) O coordenador convida a todos para refletirem sobre:
   a) uma imagem da natureza – rio, lago, mar, floresta, gramado, jardim... – em que gostam de estar, de contemplar;
   b) e as três coisas que mais gostam em suas vidas.
5) Deixa-se um pequeno tempo para que possam refletir sobre estas duas questões.

Segundo passo: Apresentar

1) O coordenador convida a todos para a apresentação de cada um a partir das duas questões acima: o lugar e as três coisas de que mais gostam. Aqui é importante motivar os participantes a escutar e acolher o outro naquilo que vai falando.

2) Enquanto vão falando sobre as duas questões propostas, o coordenador escreve e coloca em um copo ou chapéu os nomes de todos os presentes.

Terceiro passo: Representar

1) Terminada a apresentação, o coordenador passa o copo ou chapéu e cada participante retira um nome, não podendo tirar o seu próprio nome. Caso isso aconteça, devolver o nome e tirar outro.

2) Convida todos para desenharem ou representarem algo em uma folha sobre a pessoa que tirou:

a) não se trata de desenhar a pessoa que tirou;

b) mas representar algo que se lembra da pessoa enquanto se apresentava; não vale consultar a pessoa nem revelar quem tirou;

c) a criatividade e a interpretação de cada um faz parte da dinâmica;

d) não vale repetir a apresentação.

3) Deixar o tempo suficiente para o exercício de memória e de representação.

Quarto passo: Quem é quem?

1) O coordenador convida a todos para deixarem os seus desenhos em lugar visível para todos os participantes:

a) ou no meio da sala, no chão;

b) ou colá-los sobre uma lousa, mural...

2) Todos são convidados a contemplar as representações, tentando se identificar nos desenhos. Este olhar é feito em silêncio. Pode-se pôr uma música instrumental enquanto circulam e olham as "obras de arte."

Quinto passo: Primeira identificação

1) O coordenador toma um desenho depois do outro e pergunta ao grupo:

   a) Com quem se identifica este desenho?

   b) Os participantes falam, buscando encontrar a pessoa de quem o desenho está falando.

   c) Quando se chega a um certo denominador comum, o coordenador pergunta à pessoa sugerida para saber se ela se sente identificada com o desenho. Caso diga sim, coloca o nome sobre o mesmo e toma outra folha e assim por diante, até passar por todos.

   d) Caso haja dúvida sobre determinados desenhos, o coordenador colocará os nomes de todas as pessoas sugeridas sobre os quais repousam as dúvidas.

Sexto passo: É você mesmo?

1) O coordenador continua a dinâmica. Agora toma, mais uma vez, um desenho depois do outro e pergunta ao que fez a obra:

   a) Quem fez "esta obra de arte"? O autor se identifica.

   b) "Você confirma a indicação do grupo?" O artista confirma ou não. Caso tenha desacordo, o coordenador risca o nome da pessoa que o grupo pensara e coloca o nome da pessoa dita pelo autor da obra.

2) Deixar o tempo necessário para esta conversação e tomada de consciência. Este momento, como os anteriores, é fundamental, pois algo acontece no coração de todos os participantes.

Sétimo passo: Interpretar

1) Terminada a identificação dos desenhos com o criador dos mesmos, o coordenador convida a todos para uma interpretação do trabalho feito até o momento presente.

2) Pede aos participantes para que façam:

a) Uma releitura do processo vivido por cada um: o que foi fácil e difícil nesta dinâmica?

b) O que chamou a atenção durante a dinâmica?

c) Qual a relação da dinâmica com a vida?

d) Que lições de vida este trabalho nos aponta em relação a certas atitudes, tais como:

✗ a capacidade de escutar o que o outro é e diz;

✗ sobre a grandeza de se esquecer um pouco mais de si mesmo e de escutar o outro a partir daquilo que ele é e não tanto como eu gostaria que ele fosse;

✗ sobre a criatividade no sentido de representar algo sobre o outro?;

✗ preparar outras questões.

Refletindo e conversando

Como é importante saber escutar o outro!

Como é humano e libertador acolher o outro como ele é!

Como é gostoso "deixar-se tocar" pelo que os amigos significam!

Como é libertador ter uma atitude de empatia, de compaixão, de solidariedade!

Como é tocante saber escutar a consciência, a história, a vida palpitando!

Como é forte saber escutar e acolher o silêncio que nos refaz!

> **"A verdade é como o sol,**
> **que um eclipse pode escurecer, mas não apagar"**
> **(Ralph Waldo Emerson).**

3

Dinâmica:

Uma questão de atitudes

"Aprendemos a voar como os pássaros e a nadar como os peixes, mas não aprendemos a arte de conviver como irmãos"
(Martin Luther King).

Objetivo

Identificar que atitudes

✗ movem nossos passos;

✗ motivam as nossas decisões;

✗ e configuram nosso jeito de ser e de viver.

Intenções da dinâmica

O ser humano é movido por vários "motores". São forças capazes de fazer grandes ou pequenas coisas ao longo de uma vida. Podem ser de ordem espiritual, humana, econômica, cultural, social...

Esta dinâmica quer ser uma ajuda para um mergulho profundo no que diz respeito às atitudes, decisões, jeito de ser e de viver.

O título da dinâmica reflete a importância que as atitudes têm na vida de qualquer ser humano. Podemos dizer que tudo em nossa vida é uma questão de atitudes. Sim, uma vida plena de imprevistos, surpresas, desafios, dificuldades, sofrimentos, alegrias, esperanças... se nos faltarem atitudes sérias e conseqüentes, estaremos perdidos ou entregues às ondas do momento atual ou expostos ao vento que sopra de todos os lados.

Número de participantes

Grupos médios ou grandes.

Propondo o material

a) Papel, jornais, canetinhas, tijolos, cola, madeira.

b) Fotocópia do texto "Atitudes" para cada um dos participantes.

Desenvolvimento

Primeiro passo: Reflexão individual

1) Prever uma cópia das atitudes sugeridas abaixo.

2) Motivar para uns 30 minutos de reflexão pessoal para:

   a) Ler e refletir sobre cada atitude indicada no texto.

   b) Acrescentar mais três atitudes que caracterizam o participante.

   c) Refletir e escrever, do lado de cada atitude, o contrário da mesma (por exemplo: o contrário de humilde é o orgulho, o contrário de realista é "viver nas nuvens"...). Aqui vale lembrar que a interpretação que os participantes fazem de cada atitude faz parte da dinâmica.

   d) Assinalar cinco atitudes com as quais o participante mais se identifica.

   e) Sublinhar três atitudes que gostaria de desenvolver mais daqui para frente.

   f) Elaborar outras questões para a reflexão individual.

Segundo passo: Encaminhar o trabalho em grupos

1) Dividir o grupo em equipes de quatro a cinco integrantes cada.
2) Motivá-los para a importância e a seriedade desse trabalho.
3) Dispor de material para o trabalho em equipes: papel, cola, canetinhas, madeira...

Terceiro passo: Nos pequenos grupos

1) Partilhar elementos que foram importantes na reflexão individual. Para tanto, pode-se seguir todas ou algumas das questões acima sugeridas.
2) O grupo escolhe uma imagem, uma figura, uma construção, um horizonte... Isto poderia ser, somente como exemplos:
   a) uma casa
   b) um prédio
   c) um barco
   d) um restaurante
   e) um colégio
   f) uma cidade
   g) um pôr ou nascer do sol
   h) um carro, uma banda de música.
   i) um supermercado
   j) um corpo humano
   k) um caminho
   l) um rio, o mar
   m) uma floresta
   n) um computador...

Aqui é importante deixar aflorar a criatividade dos participantes.

3) Farão uso dos jornais, papel, canetinas, cola.... para representar esta imagem, porém tentarão – como grupo – distribuir

as atitudes nesta imagem que o grupo escolher. Por exemplo, se escolheram a imagem da casa poderiam colocar:

✗ na cozinha a perseverança;

✗ na varanda a humildade;

✗ na chaminé a mística...

Porém, não se trata de apenas distribuir essas atitudes, mas dar razões para a colocação de cada uma em determinado lugar.

4) Deixar um bom tempo para este trabalho em grupos:

a) Para uma partilha da reflexão individual.

b) Para a escolha e construção de uma imagem e a distribuição das atitudes nesta imagem, dando as razões devidas.

c) Para a preparação da apresentação no plenário.

Quarto passo: Plenário

1) Durante o plenário favorecer um ambiente gostoso de apresentação dos trabalhos feitos nos pequenos grupos.

2) Após a apresentação de todos os grupos, retomar alguns pontos importantes do trabalho feito até o momento.

3) Nunca esquecer de fazer uma boa avaliação da dinâmica:

a) O que você mais gostou da dinâmica?

b) Quais foram as maiores dificuldades?

c) Qual a relação da dinâmica com a vida?

d) O que você leva deste encontro para a sua vida?

e) Como foi o seu envolvimento no transcorrer da dinâmica?

f) Elaborar outras questões referentes à avaliação.

"Não nos é dado escolher de que maneira vamos morrer nem quando. Só podemos resolver como é que vamos viver" (Joan Baez).

Atitudes

Texto para a reflexão individual

1) ***Criatividade***: Pessoa que deixa aflorar de dentro de si as potencialidades e as traduz em gestos para os demais.
2) ***Amizade***: alguém que participa das reuniões, encontros e atividades de forma gratuita e amiga. Não está com segundas intenções nem querendo se promover em cima dos outros. Sabe se fazer presente de forma livre e agradável.
3) ***Protagonista***: é a consciência da pessoa que deseja ser sujeito de suas decisões diárias, do seu jeito de ser e de viver.
4) ***Disponível***: atitude de quem sabe se descentralizar e se dispõe a construir com os demais. É a pessoa que está sempre disposta.
5) ***Inovador***: pessoa que gosta de algo novo, diferente, agradável, que está atrás de idéias novas.
6) ***Dinâmico***: pessoa que traz consigo a criatividade, a mística e a inovação. Não é monótono, porém vibrante e participativo.
7) ***Participativo***: pessoa que descobriu a alegria de fazer acontecer a vida juntamente com outros. O importante é estar presente e disponível. Participa de tudo o que estiver ao seu alcance.
8) ***Crítico***: tem uma opinião própria. Não participa de coisas somente para agradar os outros, mas porque tem valores maiores e porque acredita em tempos melhores para todos. Sabe criticar o que não está correto e se compromete com o que critica.
9) ***Comprometido***: pessoa que não deseja ficar nas discussões sobre determinados temas. Busca um engajamento conseqüente. Busca tirar conseqüências práticas para a vida cotidiana.
10) ***Humilde***: convive com as suas qualidades e com os seus limites sem com isso se orgulhar nem se sentir ferido em tudo. Pessoa agradecida e inovadora.
11) ***Realista***: está com os pés no chão. Não se move nas nuvens. Tem consciência de muitos interesses que estruturam o mundo e as instituições. Sabe que cada pessoa não é anjo, mas um ser situado num mundo concreto.
12) ***Místico***: alguém que é movido por uma força transcendente capaz de dar sentido e sabor à sua vida. É uma pessoa capaz de aceitar críticas, ser contrariado... pois a sua segurança não está na sua imagem pessoal, mas numa razão maior de ser e de existir.
13) ***Fidelidade***: pessoa que experimentou na sua vida o valor e a importância da fidelidade. Alguém que não está disposto a fazer experiências, mas que quer viver uma experiência libertadora.

14) *Personalidade*: alguém que não vive em função da opinião dos outros, mas que tem suas convicções próprias. Não busca agradar às pessoas, porém busca ser amigo da verdade.

15) *Perseverante:* pessoa que permanece firme e fiel ao compromisso assumido, mesmo passando por momentos difíceis, tanto como pessoa como também em virtude de dificuldades no grupo.

16) *Livre*: busca a verdade e o amor. Não está preso a opiniões, coisas, ou pessoas. Trata-se de uma liberdade responsável consigo mesmo como também por cada pessoa que faça parte da sua vida.

17) *Conciliador*: o importante é a verdade e a busca serena e firme da mesma. O conciliador busca aproximar as pessoas, instaurar um processo de diálogo para que possa ser verbalizado o que não está muito bem.

18) *Profundo*: pessoa que não fica na artificialidade. Mergulha fundo nas discussões. Deseja contemplar as maravilhas que ficam nas profundezas da vida.

19) *Terno*: pessoa que se sente segura em relação aos seus sentimentos e em relação à sua própria vida. Sabe conciliar ternura com seriedade.

20) *Objetivo*: alguém que fica no essencial. Não se perde em subjetividades nem em afirmações chantagiosas ou sem fundamento. Tem seu coração voltado ao que é e ao que deve ser.

21) *Reflexivo*: pessoa que não é doida, isto é, pensa antes de agir. Pensa mais nos outros do que em si mesmo. Não só pensa nas coisas, mas sabe levar, jeitosamente, os outros a um processo reflexivo mais profundo.

22) *Organizado*: alguém que busca deixar cada coisa no seu devido lugar. Não é perfeccionista, mas usa o bom senso e organiza as coisas para um melhor desempenho de tudo e de todos.

23) *Acolhedor*: pessoa que anima, recebe bem os amigos, sabe ir ao encontro de todos e não seleciona somente alguns amigos. Não tem vergonha de amar, de ser amigo, de tomar iniciativas para que os outros se sintam em casa.

Refletindo:

- Ler e refletir sobre cada atitude indicada no texto.
- Acrescentar mais três atitudes que o caracterizem.
- Refletir e escrever, do lado de cada atitude, o contrário da mesma (por exemplo: o contrário de humilde é o orgulho, o contrário de realista é "viver nas nuvens"...).
- Assinalar cinco atitudes com as quais você mais se identifica.
- Sublinhar três atitudes que gostaria de desenvolver mais daqui para frente.

4
Dinâmica:
Linguagem criativa

"Feliz de quem atravessa a vida tendo mil razões para viver"
(Dom Hélder Câmara).

Objetivo

Valorizar e viver a dimensão comunicativa do ser humano.

Fazer uso da imaginação e da criatividade.

Intenções da dinâmica

O ser humano é um ser de linguagem. Falamos com a boca, nos comunicamos muito com os olhos, entramos em relação com nossos gestos... É próprio de cada um de nós fazer uso de uma capacidade que nos é única: a criatividade.

Esta dinâmica quer tocar e valorizar a linguagem criativa dos participantes.

Número de participantes

Grupo médio a grande: não mais que 30 participantes.

Propondo material

✗ Faixas de pano – vendas – para todos os participantes.

✗ Preparar, para cada participante, uma tira de papel com o nome de (escolher entre as sugestões seguintes ou outras a critério da equipe coordenadora):

a) Animais: sapo, gato, cachorro, cavalo, tatu, cobra, boi, lagarto, macaco, girafa, hipopótamo, zebra... Acrescentar outros.

b) Aves: beija-flor, gaivota...

c) Situações: condutor de carro, ciclista, jogador de basquete, jogador de vôlei, maratonista, palhaço, pedreiro...

✗ Escolhida uma das sugestões anteriores, escrever o nome escolhido repetindo-o em duas tiras de papel, formando pares.

Desenvolvimento

Primeiro passo: momento prévio desta dinâmica

1) A equipe coordenadora entrega uma tira de papel para cada participante.

2) Motiva para a importância e a participação alegre e responsável na dinâmica.

3) Busca clarear junto aos participantes os passos que serão seguidos.

Segundo passo: vivenciar

1) O coordenador dará a cada participante um bilhete com o nome de um animal, ou ave ou outra possibilidade de imitação.

2) Cada participante é convidado a imitar o seu bicho ou situação. Os pares se formarão a partir da identificação dos movimentos dos animais.

   a) Na imitação é proibido falar. Pode-se, sim, emitir sons, imitar os movimentos físicos do animal ou as situações.

   b) Deixar um tempo para que todos pensem e criem um jeito criativo de imitar o que consta no bilhete.

3) Na medida em que os pares forem se formando, poderão partilhar sobre determinados temas, tais como:

a) Como está sendo a sua semana?

b) O que foi mais significativo na semana que passou?

c) O que você espera deste encontro?

d) Quais foram os dois acontecimentos mais bonitos de sua vida?

e) Qual é o seu projeto de vida?

f) O que você espera do seu futuro?

g) O que significa para você viver com sentido?

h) Como você resume, numa só palavra, o que é a vida?

i) Para você, por que o ser humano passa por momentos difíceis em sua vida?

j) Elaborar questões pertinentes para este momento, sempre conforme o objetivo maior do encontro.

4) Estas questões podem ser variadas e adaptadas de acordo com as expectativas do grupo.

5) Com o par formado, acontece a partilha sobre um dos temas sugeridos e/ou outros.

6) Depois o coordenador poderá convidar gatos e cachorros a se unirem, formando assim um quarteto: dois gatos e dois cachorros. Estes partilhariam sobre a terceira e a quarta questões sugeridas e/ou outras.

7) Todos os pares se juntariam com outro par para esta partilha. Assim a dinâmica seguirá com a criatividade da equipe coordenadora que deverá fazer com que ela se torne viva e interessante aos participantes.

Terceiro passo: Vendar os olhos

1) A equipe coordenadora poderá continuar a reunião da seguinte maneira:

a) Dividir o grupo em dois outros grupos de número igual de participantes.

b) Supondo que haja 15 participantes em cada grupo, o coordenador dará a cada pessoa um número. Portanto, no grupo 1 haverá alguém com o número 1 e no grupo 2 também haverá alguém com o número 1.

2) Em seguida, dará, a cada participante dos dois grupos, vendas para que cubram os olhos.

3) A equipe coordenadora cuidará para que todos mudem de lugar quando receberem o número e a venda. Isto ajudará para o que se segue.

4) O que se deseja agora é que cada um vá procurar o seu parceiro, isto é, a pessoa que tenha o mesmo número. Como todos estão pelo centro da sala, eles deverão seguir as orientações:

a) Todo tipo de comunicação é possível, menos o falar. O que se pode é usar da criatividade, do tato... para encontrar o seu par.

b) Na medida em que vão se encontrando, apresentam-se mutuamente. Continuam com os olhos vendados e partilham sobre o tipo de sentimentos que vivenciaram durante esta busca.

c) Depois que todos falaram, retiram as vendas e partilham, também, sobre a relação que esta dinâmica tem com a vida cotidiana.

d) Em seguida poder-se-á formar pequenos grupos para um aprofundamento maior, sobretudo fazendo ligação com a vida diária.

Quarto passo: Na linguagem dos sinais...

1) Para aprofundar, ainda mais, esta dinâmica pode-se vivenciar um novo momento.

2) Todos os participantes ficam no meio da sala, com os olhos abertos.

3) Podem se comunicar, porém sem falar: aqui é interessante a linguagem dos gestos, a expressão do corpo.

4) A equipe coordenadora propõe uma situação e os participantes vão se organizar conforme o pedido, por exemplo:

   a) Todos os participantes vão se colocar numa fila única em ordem de idade, isto é, do mais jovem até o mais velho, porém sem falarem nada. Podem, sim, usar de todo tipo de gestos, sinais...

   b) Um segundo momento poderia ser a colocação em fila a partir do mês de aniversário: quem nasceu em janeiro numa ponta e quem nasceu em dezembro na outra... O importante é a organização dos participantes que não poderão falar. Podem, sim, comunicar-se com gestos, sinais... E se tiver várias pessoas num mesmo mês, elas terão de encontrar um jeito criativo de descobrir quem nasceu primeiro e quem nasceu mais para o final do mês. A criatividade e a interpretação fazem parte da dinâmica.

   c) Formar uma fila a partir do número de irmãos. Caso haja empate, os participantes terão de encontrar um critério na colocação na fila, porém sem falar.

   d) Cabe à equipe coordenadora criar situações interessantes para a formação desta fila.

Quinto passo: Grupos afins

1) Este momento será vivenciado podendo-se fazer uso da fala.

2) A equipe coordenadora introduz o trabalho que se seguirá; poderá ser a formação de grupos afins e ninguém poderá ficar de fora.

3) Primeiro a equipe coordenadora proporá alguns critérios para a formação desses grupos, tais como:

   a) A partir dos tipos de esportes.

   b) A partir de valores que cada participante prioriza em sua vida.

c) A partir dos estudos ou tipos de lazer.

d) A partir de sonhos comuns.

e) A partir da participação de grupos afins.

f) A partir de gostos de música.

g) Elaborar outros critérios.

4) Num segundo momento, são os próprios participantes que formarão os grupos a partir de critérios que eles mesmos vão criando. Aqui é importante acionar o botão da criatividade que, muitas vezes, anda meio adormecido. Tudo o que acontece nesse momento faz parte da dinâmica.

Sexto passo: Interpretação

1) Este momento significa a ponte que existe entre a dinâmica e a vida cotidiana.

2) Favorecer um bom tempo para que interpretem a dinâmica feita e a relação da mesma com a vida.

3) Durante o plenário fazer com que o maior número de pessoas participe desta interpretação.

4) Para aquecer melhor esta interpretação final, pode-se fazer um trabalho em pequenos grupos ou mesmo em duplas.

**"O único progresso verdadeiro é o progresso moral.
O resto é simplesmente ter mais ou menos bens"
(José Saramago).**

5
Dinâmica:
Eu gostaria muito de...

"Cava o poço antes de teres sede" (Provérbio chinês).

Objetivo

Projetar-se no futuro para viver com mais força e maior entusiasmo o momento presente da vida.

Intenções da dinâmica

Medo e coragem: dois sentimentos, duas realidades, duas atitudes... duas forças que trabalham no coração humano. Muitas pessoas incentivam os demais para que trilhem no caminho da coragem. Porém, por mais que o ser humano queira viver na confiança, na coragem e na esperança, é necessário reconhecer que o medo também exerce uma força sobre cada pessoa. Pena que o medo paralisa, inibe, traz insegurança e tem uma dimensão retrospectiva. Ao passo que a coragem motiva, anima, liberta e lança a pessoa para frente numa atitude prospectiva.

O medo e a coragem têm uma relação direta com o grau de confiança que a pessoa tem em Deus, em si mesmo, nos outros e em relação com o mundo das coisas.

Uma das frases e desejos que mais aparecem na Palavra de Deus é: *"não tenha e não tenham medo"*, porque Deus está conosco. Deus sabe que sem a sua graça nós nos movemos no terreno escorregadio do medo e da desconfiança.

Esta dinâmica pode ser vivida durante várias horas, conforme a organização da equipe coordenadora e da disponibilidade dos participantes do encontro.

Número de participantes

Grupos médios ou pequenos.

Propondo material

1) Material para escrever: papel, caneta, canetinhas...
2) Cópia do texto: QUANDO EU MORRER, de Martin Luther King.
3) Argila ou massa de modelar, jornais, gravetos...

Desenvolvimento

Primeiro passo: Encaminhar

1) Motivar os participantes para os momentos de reflexão pessoal e grupal que se seguirão.
2) Prever um tempo para a reflexão pessoal: em torno de 45 minutos ou mais.

Segundo passo: Reflexão individual

1) Cada participante escolherá um lugar para ficar sozinho.
2) Terá em suas mãos uma folha com o texto de Luther King e algumas questões que o ajudarão na reflexão pessoal.
3) Deixar o tempo necessário para a reflexão pessoal. Seria interessante que cada participante anotasse algo referente a cada um dos pontos acima mencionados.
4) Depois da reflexão individual, favorecer um terceiro passo.

Terceiro passo: Trabalho em grupos ou plenário

1) Caberá à equipe coordenadora desta dinâmica preparar bem este passo: discernir e decidir se é melhor fazer um momento de reflexão em pequenos grupos ou no grupo maior.

2) Neste trabalho pode-se retomar as três questões acima propostas ou algumas dessas questões.

3) Favorecer um tempo de reflexão nos grupos e no plenário. Cuidar para que este momento não seja cansativo e que o maior número de pessoas participe.

Quarto passo: O tempo presente

1) O momento conclusivo desta dinâmica poderá ser de várias formas:

   a) Pedindo aos participantes um breve momento de reflexão pessoal: refletir e anotar algo que lhes chamou a atenção durante a dinâmica: em que quer estar mais atento de hoje em diante.

   b) Refletir e anotar uma frase que gostariam que estivesse sobre o seu túmulo: frase simples, frase que sintetizasse a vida, frase de um poema, de uma oração...

   c) Ou criar um outro momento conclusivo desta dinâmica.

2) Terminar bem esta dinâmica, favorecendo um momento comum de partilha das frases acima refletidas e anotadas ou outro jeito de terminar esta dinâmica.

Refletindo e conversando

Esta dinâmica quer ser uma ajuda para viver algo importante da nossa vida. Não se trata de preocupar-se com o futuro, mas, ao encarar uma realidade certa do futuro, pensar e reconfigurar a vida presente. Portanto, a dinâmica não quer apenas nos lançar para o momento derradeiro da vida, mas nos lançar para a vida presente: como dom e como tempo mais importante do nosso viver.

"Todos os dragões da nossa vida são talvez princesas que esperam ver-nos um dia belos e corajosos.
Todas as coisas aterradoras não são mais, talvez, do que coisas indefesas que esperam que as socorramos" (Rilke).

Quando eu morrer!

Freqüentemente pergunto a mim mesmo
que é que eu gostaria que fosse dito
na hora da minha morte
e deixo aqui com vocês a resposta.

Se vocês estiverem ao meu lado quando eu encontrar o meu dia,
lembrem-se de que eu não quero um longo funeral.

Se vocês conseguirem alguém para fazer a oração fúnebre,
digam-lhe para não falar muito,
para não mencionar que eu tenho trezentos prêmios
– isto não é importante –,
para não dizer o lugar onde estudei.

Eu gostaria que alguém mencionasse aquele dia em que
eu tentei dar minha vida a serviço dos outros,
eu tentei amar alguém,
eu tentei ser honesto e caminhar com o próximo,
eu tentei visitar os que estavam na prisão,
eu tentei vestir um mendigo,
eu tentei amar e servir a humanidade.

Sim, se quiserem dizer algo digam que
eu fui arauto:
arauto da justiça
arauto da paz
arauto do direito.

Todas as outras coisas triviais não têm importância.
Não quero deixar atrás nenhum dinheiro,
coisas finas e luxuosas.
Só quero deixar atrás – uma vida de dedicação.
E isto é tudo que tenho a dizer:

E se eu puder
ajudar alguém a seguir adiante,
animar alguém com minha canção,
mostrar a alguém o caminho certo,
cumprir o meu dever de cristão,
levar a salvação a alguém,
divulgar a mensagem que o Senhor deixou,

Então,
Minha vida não terá sido em vão.

(KING, Martin Luther. *Quando eu morrer!* Disponível em: http://www.renovado.transvidias.com.br/luther.htm Acesso em 5 maio 2004)

Questões para reflexão:

1) Para você, o que significa o nascimento, a vida e a morte? Anote, desenhe, molde com argila ou massa de modelar alguma coisa que lhe venha à mente quando reflete sobre esses três momentos da sua vida.
2) O que mais lhe chama atenção no texto? Anote tudo o que lhe toca o coração.
3) Imagine-se no final de sua vida. Pense sobre o que você gostaria que fosse dito neste momento.
4) Pensando em vários aspectos da sua vida, continue a reflexão escrevendo sobre as questões que seguem:

*a) Da minha atitude na minha **família** gostaria que dissessem que...*
*b) Da minha postura em relação aos **amigos** e pessoas próximas gostaria que...*
*c) Sobre a maneira de encarar o **trabalho eu** gostaria que dissessem que...*
*d) Sobre os cuidados com a **saúde** gostaria que dissessem que...*
*e) Sobre a minha postura em relação aos **problemas da sociedade**...*
*f) Sobre os **meus valores** pessoais gostaria que dissessem...*
*g) Sobre a maneira que **cultivei a minha fé**, minha mística...*
*h) Na hora da minha morte gostaria que **silenciassem** sobre...*
*i) Na hora da minha morte gostaria que **cantassem**...*
*n) Na hora da minha morte gostaria que **agradecessem**...*
*k) Na hora da minha morte gostaria que **pedissem** por...*
*l) Na hora da minha morte **gostaria** que...*

6
Dinâmica:
A força do coração

"Não tenho um caminho novo.
O que eu tenho de novo é um jeito de caminhar" (Thiago de Melo).

Objetivo

Aguçar a capacidade de escutar-se, escutar o outro, os apelos da vida;

Reforçar a grandeza do saber tomar decisões, defendê-las e ser conseqüente com as mesmas.

Intenções da dinâmica

São muitos os desafios que fazem parte da nossa vida. Esta dinâmica quer ser uma ajuda, sobretudo para:

a) Saber se escutar: os sentimentos, desejos, vontades... os próprios desafios.

b) Saber escolher – o que se torna algo sempre mais importante em nossos dias. Caso contrário, os outros decidirão por nós.

c) Saber partilhar em pequenos grupos e saber expor sua opinião, seus valores, convicções... diante de um grupo.

d) Saber apreciar as coisas boas da nossa cultura e da cultura de outros povos.

e) Saber sonhar com algo novo, mais forte, mais dinâmico e vivo.

Número de participantes

Não existe uma determinação precisa. Pode ser um grupo médio.

Propondo material

1) Prever e confeccionar um coração grande, com mais de um metro de diâmetro.
2) Canetinhas, material para escrever ou desenhar...
3) Cópia das frases – A FORÇA DO CORAÇÃO.

Desenvolvimento

Primeiro passo: Prever e encaminhar

1) Um tempo para a reflexão pessoal: este não deveria ser muito curto.
2) Motivar o momento de reflexão pessoal, onde cada participante:
   a) escolherá um lugar agradável;
   b) adotará uma posição do corpo que ajude a mergulhar no objetivo da dinâmica;
   c) e refletirá, em silêncio, sobre algumas questões de fundo.
3) Os coordenadores desta dinâmica poderão usar de toda a criatividade para fazer deste momento algo significativo para os participantes.
4) Entregar o texto "A força do coração" com as questões para reflexão pessoal.

Segundo passo: No coração do grupo

1) Após a reflexão pessoal, todos os participantes reencontram-se numa sala, em volta do coração, previamente preparado pela equipe coordenadora.

2) O coordenador da dinâmica convida os participantes a escreverem uma frase no coração: esta poderá ser uma frase que:

a) já foi importante (FI);

b) é importante no momento atual (SI);

c) frase que gostaria de cultivar mais (CM);

d) frase que escolheu para levar para o grupo (LPG);

e) ou uma outra frase que é significativa na vida do participante e que não consta na relação das frases que cada um recebeu.

3) Deixar um tempo para que escrevam ou desenhem algo sobre a frase que escolheram.

4) Favorecer um momento de partilha que poderá girar em torno:

a) da frase que cada participante escreveu sobre o coração;

b) ou sobre uma das frases da reflexão pessoal.

5) Este momento de partilha precisa ser organizado para que todos possam ter oportunidade de falar.

6) O coordenador poderá motivar os participantes para que, durante as partilhas, anotem uma questão sobre a qual gostariam de fazer um debate.

7) Ensejar, em seguida, um momento de debate. Este também precisa ser organizado para que não seja monopolizado por alguns participantes.

Terceiro passo: Terminar bem

1) Para o terceiro passo, seria importante terminar bem o presente encontro. Sempre é fundamental saber terminar bem o que fazemos!

2) A equipe coordenadora usará de toda a criatividade para significar bem este momento conclusivo.

3) Uma maneira seria terminar este momento em forma de compromisso comum de modo que cada participante parti-

lharia a frase que gostaria de Cultivar Mais (CM): qual foi a frase que você gostaria de Cultivar Mais em sua vida?

4) Outras sugestões.

Refletindo e conversando

A FORÇA DO CORAÇÃO pode seguir estes passos e/ou outros de acordo com a criatividade da equipe coordenadora da dinâmica. Outro lembrete importante: esta dinâmica poderá servir para vários encontros, várias reuniões ou para um momento mais prolongado de reflexão (num final de semana, em dias de formação...). O importante é não "sapecar" uma dinâmica, sacrificando assim a riqueza que se quer com a mesma.

A força do coração

1. "Quem é carregado nas costas não sabe avaliar o quanto a aldeia está distante" (Adágio africano).
2. "O ouvido não foi feito para fechar, mas a boca foi" (Sabedoria da natureza).
3. "Para fazer inimigos, fale; para fazer amigos, ouça" (Adágio americano).
4. "Eduque a criança e não será necessário punir o homem" (Pitágoras).
5. A esperança é o último remédio que a natureza deixou a todos os males" (Pe. Antônio Vieira).
6. "O trabalho elogia o homem" (Provérbio irlandês).
7. "Corte o pano conforme a roupa" (Provérbio chinês).
8. "Quando falar cuida para que tuas palavras sejam melhores que o silêncio" (Provérbio indiano).
9. "Use palavras leves e argumentos pesados" (Adágio inglês).
10. "Todos nós amamos a árvore que nos dá abrigo" (Ditado russo).
11. "A única maneira de ter amigos é ser amigo" (Ralph Waldo Emerson).
12. "A amizade é uma planta que precisa ser regada" (Provérbio alemão).
13. "Vivam como irmãos e façam negócios como estranhos" (Provérbio árabe).
14. "Amigos são aquelas pessoas que perguntam como estamos e aguardam a resposta" (Ed Cunningham).
15. "O amor que damos é o único que preservamos" (Elbert Hubbard).
16. "Quanto mais discussões você ganhar, menos amigos terá" (Adágio americano).
17. A verdadeira experiência cristã não é crer na existência de Deus, mas relacionar-se com Deus como amigo e companheiro (Canísio Mayer).
18. "Ninguém é tão grande que não possa aprender e nem tão pequeno que não possa ensinar" (Píndaro/poeta grego).
19. "Há duas formas para viver a sua vida. Uma é acreditar que não existe milagre. A outra é acreditar que todas as coisas são um milagre" (Albert Einstein).
20. "Somos belos como os desejos de Deus. Tão belos que Ele nos criou para que fôssemos espelhos..." (Rubem Alves).
21. "O discurso sobre Deus vem depois do silêncio da oração e do compromisso" (Gustavo Gutiérrez).
22. Sinto-me com o direito a um nome próprio que, ao ser pronunciado uma só vez por Deus, se torna imortal e eterno (Canísio Mayer).

23. O cristão não se contenta em ver os acontecimentos, mas em ver a presença e ação de Deus nestes acontecimentos (Canísio Mayer).
24. "Ver um mundo num grão de areia e um céu numa flor selvagem..." (Blake).
25. "Quer ficar calmo? Respire suavemente diante da chama leve de uma vela que faz sossegadamente seu trabalho de luz" (Bachelard).
26. "Minha alma não descansa enquanto não repousar em Deus" (Santo Agostinho).
27. "Não me constranjo de sentir-me alegre, de amar a vida assim, por mais que ela nos minta..." (Mário Quintana).
28. "Viver é sentir a beleza na luta e estar insatisfeito na acomodação" (Paulo de Araújo).
29. "Não se queixe porque a roseira tem espinhos. Alegre-se porque o espinho tem rosas" (Provérbio árabe).
30. "Você tem dois ouvidos e uma só língua. Portanto, ouça duas vezes e fale apenas uma" (Provérbio turco).
31. "Se passares o tempo sem pensar na eternidade, passarás a eternidade a pensar no tempo" (Pe. Antônio Vieira).
32. No mundo não existe nenhum fato que justifique a necessidade de que eu exista. E, no entanto, existe o fato de que eu existo (Canísio Mayer).
33. "É melhor pôr o coração na oração sem encontrar palavras, do que encontrar palavras sem pôr nelas o coração" (Gandhi).
34. "Os prazeres são para o homem o que o sal e o vinagre são para a salada. Não se toma sal aos punhados nem vinagre aos copos" (Rousseau).
35. "A pessoa que ama os outros também será amada" (Provérbio chinês).
36. "Passamos a amar uma pessoa não quando encontramos uma pessoa perfeita, mas quando aprendemos a ver perfeitamente uma pessoa imperfeita" (San Kenn).
37. Não há óculos no mundo que faça um pobre de espírito enxergar (Canísio Mayer).
38. "Se você tivesse acreditado nas minhas brincadeiras de dizer verdades, teria ouvido verdades que teimo em dizer brincando. Eu falei muitas vezes como um palhaço, mas nunca desacreditei da seriedade da platéia que sorria" (Freud).
39. O tempo muito nos ensinou. Ensinou a amar a vida, não desistir da luta, recomeçar na derrota, renunciar às palavras e pensamentos negativos. Enfim, acreditar nos valores humanos. Ser otimista! (Cora Coralina).
40. "Quando ando pela vida e encontro pessoas como você, paro e penso que vale a pena viver".
41. "Nunca penso no futuro. Ele chega depressa demais" (Einstein).

42. Não existe nada mais contagiante que o riso de uma pessoa séria (Canísio Mayer).
43. Nunca julgue ninguém antes de olhar nos seus olhos e antes de andar sete léguas em suas sandálias (Canísio Mayer).

Questões para reflexão pessoal

1) Ler, com calma, todas as frases. Deixar que elas ressoem dentro de você. Não ter pressa na leitura. Não fazer leituras moralizantes. Deixar que elas falem por si mesmas, para você. De sua parte seja apenas dócil e acolhedor.
2) Assinale duas frases que já **Foram Importantes (FI)** na sua vida até o momento presente. Contextualize estas frases:
a) Em que época elas foram importantes?
b) Onde você esteve?
c) O que se passava na sua vida?
d) Elaborar outras questões.
3) Assinale cinco frases que **São Importantes (SI)** no momento atual do seu viver. Escreva algo sobre cada uma delas.
4) Assinale três frases que você gostaria de **Cultivar Mais (CM)** daqui para frente. Escreva seus desejos a partir de cada uma dessas três frases.
5) Escolha uma frase que você gostaria de **Levar para o seu Grupo (LPG)** para um aprofundamento do seu conteúdo.

7
Dinâmica:
Quando fala o amor

"Quando fala o amor, a voz de todos os deuses deixa o céu embriagado de harmonia" (William Shakespeare).

Objetivo

Entrar em contato com a verdade do amor.

Buscar aprofundar a experiência fundante de todo ser humano: de ser amado e de amar.

Intenções da dinâmica

Muito se fala de amor. O significado que cada um dá depende da história, das experiências vividas em relação ao amor. Porém, o fato de tanto se falar sobre o amor pode ser sinal de que é algo muito importante, ou porque ainda se vive pouco no amor – daí a necessidade ainda de se falar muito – ou porque se deseja amar mais e melhor. Não é por nada que esse tema tem inspirado tantos livros, poesias, pinturas, músicas, filmes...

Esta dinâmica recolheu inúmeras frases sobre o amor: de diversos autores, épocas... O que se deseja com isto é ter um referencial para instaurar nas pessoas o desejo de conversarem sobre a temática do amor.

Número de participantes

Grupo que poderá variar entre 10 até 30 participantes.

Propondo material

- ✗ Disposição da sala com símbolos referentes ao tema aqui tratado. Estes estarão de acordo com a criatividade da equipe coordenadora.
- ✗ Cópia, para cada participante, do texto com as frases "Quando fala o amor".
- ✗ Papel, caneta, cd com música instrumental.

Desenvolvimento

Primeiro passo: Encaminhar

1) Distribuir a cópia com as frases.
2) Motivar para um momento de reflexão individual. Esta poderia girar em torno das seguintes questões:
   a) Refletir e anotar sobre o que cada participante entende por amor.
   b) Recordar e anotar uma palavra de experiências fortes de amor que cada um já fez. Estas experiências podem ser em todos os níveis: humana, relação com o transcendente (Deus), em trabalhos desenvolvidos...
   c) Ler o texto com calma. Nesta leitura assinalar as cinco frases com as quais mais se identifica.
   d) Destas cinco escolher duas e buscar um símbolo, objeto da natureza... que ajude a entender a frase escolhida.
   e) Se o tempo permitir, escolher uma música que ajude a entender a(s) frase(s) escolhida(s).
3) Delimitar um bom tempo para esta reflexão individual.
4) Pode-se dispor de alguma música instrumental, sobretudo aos que permanecerem na sala do encontro.

Segundo passo: Partilhar

1) Os participantes se encontram em plenário.

2) A equipe coordenadora poderá providenciar alguns símbolos no centro da sala.

3) Instaura-se um momento de partilha sobre a reflexão individual.

4) A partilha no grupo deve ser livre e poderá girar em torno das seguintes questões e/ou outras.

   a) De um modo geral, como foi a sua reflexão individual?

   b) Quais foram as duas frases com as quais você mais se identificou. Qual foi o símbolo que você escolheu? Deixar um tempo para esta partilha e para que coloquem no centro da sala os símbolos que cada um escolheu. Esta partilha poderá girar em torno de uma das frases escolhidas, ou mesmo sobre as duas. O que é importante aqui é o número de participantes: quanto maior o grupo, melhor partilhar somente sobre uma das duas frases. Agora, se o grupo for menor, pode-se abrir mais o horizonte da partilha.

   c) Não deixar que a partilha se torne monótona. Daí ser importante a criatividade da equipe coordenadora: propor músicas populares que falem do tema...

Terceiro passo: Considerações finais

1) De acordo com o tempo disponível, esta temática poderá ser ainda mais aprofundada com um momento de reflexão, tal como:

   a) Fazer um esquema de amigo secreto entre os participantes. Cada um retira um nome. Em seguida, escolhe uma frase para a pessoa que retirou. Escreve a frase num papel. E entrega-a ao amigo secreto.

   b) Ou, o coordenador convida os participantes a escolherem uma pessoa que está participando do presente encontro. Após a escolha, os pares se encontram e caminham pela sala ou pela natureza se o local o permitir. Enquanto caminham, cada um escolherá uma frase que gostaria de desejar ao parceiro. Escolhida a frase, ela é dita ou lida e falará também sobre os motivos por que escolheu esta frase.

2) Dá-se um tempo para que possam conversar dois a dois.

3) Depois disso, terminar o encontro de forma alegre, criativa... todos juntos.

"Haverá algo mais belo do que ter alguém com quem possa falar de todas as suas coisas como se falasse consigo mesmo?"
(Cícero).

Quando o amor fala

1) "Quando fala o amor, a voz de todos os deuses deixa o céu embriagado de harmonia" (William Shakespeare).
2) "Não há surpresa mais maravilhosa do que a surpresa de ser amado" (Charles Morgan).
3) "A morte é mais forte que a vida, mas o amor é mais forte que a morte" (Charles Chaplin).
4) "Amai-vos uns aos outros como eu vos amei" (Jesus Cristo).
5) "O homem não morre quando deixa de viver, morre quando deixa de amar" (Charles Chaplin).
6) "Viver sem ter sentido um verdadeiro amor é ter deixado passar a vida sem viver" (Salviati).
7) "Uma sociedade só pode se desenvolver bem se nela existir amor" (Lucas Augusto).
8) Não é quando sofremos que nos parecemos mais com Deus, mas quando amamos (Canísio Mayer).
9) "O amor é uma luz que não deixa escurecer a vida" (Camilo).
10) "Ainda que eu falasse a língua dos homens, e falasse a língua dos anjos, sem amor eu nada seria" (São Paulo).
11) "Nada é difícil para quem ama" (Cícero).
12) "Deve-se temer mais o amor de uma mulher do que o ódio de um homem" (Sócrates).
13) "O amor é o próprio Deus em nosso coração" (Creómenezes Campos).
14) "Na terra nasce o amor, no céu floresce" (Maciel Monteiro).
15) "O amor sem esperança não tem outro refúgio senão a morte" (José de Alencar).
16) "Amor é o mesmo que delicadeza da alma" (Dante).
17) "Com o amor não se brinca! Muitos que começam fingindo que amam acabam amando de verdade" (C. Dossi).
18) "Queremos ser iguais a Deus, mas nos esquecemos que Deus nos criou num momento de amor" (Lucas Augusto).
19) "Quem sabe amar não sabe morrer absolutamente" (De Livry).
20) "Tudo o que o amor toca está salvo da morte" (R. Rolland).
21) "Não há nada mais interessante do que a conversa de dois namorados quando estão calados" (A. Tournier).
22) "É uma loucura amar, salvo quando a gente ama com loucura" (Ythier).
23) "Com o amor ao próximo o pobre é rico, sem este amor, o rico é pobre" (Santo Agostinho).
24) "Cada qual sabe amar a seu modo. O modo pouco importa: o essencial é que saiba amar" (Machado de Assis).
25) "O amor é como a lua, quando não cresce, míngua" (Ditado popular).

26) Podemos brincar com nossos corpos, mas jamais com nossas emoções nem com os sentimentos alheios (Canísio Mayer).

27) "O amor não consiste em duas pessoas olharem uma para a outra; mas, olharem juntas na mesma direção" (Exupèry).

28) "Temer o amor é temer a vida e os que temem a vida já estão meio mortos" (Bertrand Russell).

29) "O amor não se conforma com a injustiça, mas se alegra com a verdade. O amor desculpa tudo, suporta tudo, o amor nunca passará" (1Cor 13).

30) "É preciso sofrer depois de ter sofrido, e amar, e mais amar, depois de ter amado" (Guimarães Rosa).

31) "A gente pode se sentir só, mesmo no meio de muita gente amiga, se souber que não ocupa um lugar especial no coração de alguém" (Anne Frank).

32) "Nada existe de grandioso sem paixão" (Hegel).

33) "O beijo é a menor distância entre dois apaixonados" (Amy Banglin).

34) "Ninguém pode fugir ao amor e à morte" (Públio Siro).

35) "O verdadeiro amor nunca se desgasta. Quanto mais se dá mais se tem" (Saint-Exupèry).

Orientações

1) Refletir e anotar sobre o que você entende por amor.

2) Recordar e anotar uma palavra de experiências fortes de amor que cada um já fez. Estas experiências podem ser em todos os níveis: humana, relação com o transcendente (Deus), em trabalhos desenvolvidos...

3) Ler o texto com calma. Nesta leitura assinalar as cinco frases com as quais mais se identifica.

4) Destas cinco escolher duas e buscar um símbolo, objeto da natureza... que ajude a entender a frase escolhida.

8

Dinâmica:

Decálogo do amor

"Um livro é um mudo que fala, um surdo que responde, um cego que guia, um morto que vive" (Antônio Vieira).

Objetivo

Buscar refletir e entender as verdadeiras razões de se amar.

Intenções da dinâmica

É importante resgatar o valor, a importância e os espaços para que possamos falar sobre as coisas que constituem a nossa vida. Precisamos ressuscitar a alegria de nos olhar nos olhos, de debater questões que fazem parte do nosso dia-a-dia.

Esta dinâmica deseja ser um desses espaços em que as pessoas possam conversar, debater sobre o que, de fato, é o amor.

Número de participantes

Grupo pequeno ou médio.

Propondo material

1) Frases sobre o amor ou outras de acordo com o que se quer com o debate.

2) Folhas de papel sulfite.

3) Material para escrever: canetas, lápis...

Desenvolvimento

Primeiro passo: Formação de dois grupos

1) Motivar a dinâmica uma vez que se trata de um tema importante a ser tratado.

2) O coordenador forma dois grupos. A dinâmica de contar até dois pode ser interessante uma vez que, geralmente, os amigos mais próximos sempre sentam juntos e, contando até dois, estes ficariam distribuídos em cada grupo. Depois de receberem um número – um ou dois – todos os que são do número um formam o grupo *um* e os demais o grupo *dois.*

Segundo passo: Trabalho nos grupos

1) Os dois grupos farão um trabalho sobre uma das duas frases que segue abaixo. Refletirão sobre a mesma e a defenderão, mesmo não concordando com a mesma. Aqui é importante a argumentação, o saber dar razões, debater com argumentos. Portanto, cada grupo terá alguns minutos para se preparar para o debate que se seguirá.

2) Depois de um tempo de reflexão nos grupos, os participantes se encontram – frente a frente – para um debate de idéias, de razões, argumentos...

3) Para tanto é importante escolher, antes mesmo de começar o debate, um ou mais ponderadores que devem controlar o tempo, passar a palavra, zelar pelo nível do debate, ser neutros em relação aos temas em discussão...

4) Os temas para cada grupo dependerão do tema sobre o qual o grupo deseja debater e aprofundar. Aqui sugiro um tema polêmico que merece ser debatido uma vez que faz parte de todo ser vivente, isto é, o amor.

5) Os dois grupos defenderão estes temas e/ou outros de acordo com a demanda do grupo:

Grupo um: "O amor é eterno, se não for eterno não é amor" (Nelson Rodrigues).

Grupo dois: "O amor é eterno enquanto dura" (Vinícius de Moraes).

6) Seguem outras frases que poderão ser usadas para este trabalho. Caberá à equipe coordenadora selecionar as frases para o debate.

a) "O homem não morre quando deixa de viver, morre quando deixa de amar" (Charles Chaplin).

b) Não é quando sofremos que nos parecemos mais com Deus, mas quando amamos (Canísio Mayer).

c) "Nada é difícil para quem ama" (Cícero).

d) "No amor não existe 'tu' nem 'eu'" (Krishmamurti).

e) "Temer o amor é temer a vida e os que temem a vida já estão meio mortos" (Bertrand Russell).

f) "A ausência diminui as pequenas paixões e aumenta as grandes, da mesma forma como o vento apaga as velas e atiça as fogueiras" (La Rochefoucauld).

g) "O amor não se conforma com a injustiça, mas se alegra com a verdade. O amor desculpa tudo, suporta tudo, o amor nunca passará" (1Cor 13).

h) "É preciso sofrer depois de ter sofrido, e amar, e mais amar, depois de ter amado" (Guimarães Rosa).

i) "A maior felicidade é a certeza de sermos amados apesar de sermos como somos" (Victor Hugo).

j) "Todas as cartas de amor são ridículas. Não seriam cartas de amor se não fossem ridículas. Também escrevi em meu tempo cartas de amor. Como as outras, ridículas" (Fernando Pessoa).

k) "O amor e o desejo são as asas do espírito das grandes façanhas" (Johann Wolfgang von Goethe).

l) "O amor é a força mais sutil do mundo" (Mahatma Gandhi).

m) "Amar não é aceitar tudo. Aliás: onde tudo é aceito, desconfio que há falta de amor" (Vladimir Maiakovski).

n) "Amor não se conjuga no passado; ou se ama para sempre, ou nunca se amou verdadeiramente" (M. Paglia).

o) "Foi o tempo que dedicaste à tua rosa que fez tua rosa tão importante" (Antoine Exupèry).

p) "O amor consiste mais em atitudes e atos do que em palavras" (Inácio de Loyola).

q) "O sentimento é uma flor delicada; manuseá-la é machucá-la" (Larra).

r) "A pior solidão que existe é darmo-nos conta de que as pessoas são idiotas" (Gonzalo Torrente Ballester).

s) "Quando o amor vos fizer sinal, segui-o; ainda que os seus caminhos sejam duros e escarpados. E quando as suas asas vos envolverem, entregai-vos; ainda que a espada escondida na sua plumagem vos possa ferir" (Khalil Gibran).

t) Há quatro tipos de pessoas que são felizes na vida: as que confiam, as que querem, as que perseveram e as que sabem amar de verdade (Canísio Mayer).

Terceiro passo: Ponderações

1) Depois de um bom tempo de debate, os dois grupos podem ser desfeitos e todos ficam numa roda aconchegante.

2) Estipula-se um tempo de alguns minutos para uma conversação sobre a dinâmica desenvolvida:

   a) O que chamou a atenção durante a dinâmica aqui desenvolvida?

   b) O que foi importante?

   c) Que dificuldades e descobertas você teve hoje?

d) Que questionamentos você leva consigo?

e) Você está inclinado a defender mais qual concepção de amor?

f) O que você sentiu durante a preparação do debate e durante o debate?

Quarto passo: Nosso decálogo do amor

1) De acordo com o tempo disponível, a equipe coordenadora poderá proporcionar um trabalho de maior aprofundamento sobre a presente temática.

2) Este trabalho poderá ser com pequenos grupos em que os participantes tentarão fazer um "Decálogo do amor", isto é, refletirão sobre o tema e anotarão dez aspectos, atitudes, valores, dimensões importantes na vivência do amor a dois. Aqui é importante o lembrete da interpretação que os participantes fizerem deste trabalho, que tudo isto faz parte da própria dinâmica.

3) Portanto, dá-se um tempo considerável para o trabalho em pequenos grupos, assim a participação será mais significativa.

4) Algumas sugestões que os grupos poderão ter presente durante o trabalho:

a) As atitudes numa relação entre duas liberdades: respeito, fidelidade, possessão, dependência...

b) As atitudes em relação aos familiares, amigos, sociedade...

c) A relação com o transcendente, com Deus...

d) Quanto à distribuição do tempo: lazer, cultura, mística, privacidade, outros elementos.

Quinto passo: Decálogo: ponto de chegada e referencial de partida

1) Após o trabalho em pequenos grupos, proporcionar um plenário para a partilha de tudo o que foi refletido nos grupos.

2) Antes desta partilha, o grupo escolhe duas pessoas para recolherem todo o material que for aparecendo na partilha dos grupos. A tarefa desta dupla é de fazer uma elaboração final em forma de decálogo, contemplando toda a riqueza que for aparecendo durante a partilha.

3) Num próximo encontro, a dupla apresentará o trabalho de sistematização que foi feito e o grupo aprova ou sugere alterações.

4) Por fim, seria interessante conseguir uma cópia para todos os participantes do "Decálogo" que será levado para as suas vidas.

> **"A ausência diminui as pequenas paixões e aumenta as grandes, da mesma forma como o vento apaga as velas e atiça as fogueiras"**
> **(La Rochefoucauld).**

9
Dinâmica dos nomes

"Foi o tempo que dedicaste à tua rosa que fez tua rosa tão importante" (Antoine Exupèry).

Objetivo

Experimentar a riqueza do nosso nome.

Perceber que o nosso nome é mais que uma junção de sílabas...

Intenções da dinâmica

O nosso nome não é apenas um ajuntamento de letras, de sílabas... Ele é muito mais. Traz consigo a nossa identidade, a nossa pessoa, a história... Chamar o outro pelo nome é fundamental.

Número de participantes

Quanto menor o grupo, mais possibilidades existem de se fazer um trabalho mais aprofundado. O ideal seria ter em torno de 20 participantes. Isto não tira a possibilidade de que tenha mais ou menos pessoas.

Propondo material

1) Uma lousa, ou um grande painel com três folhas de papel, em que caiba o maior número possível de nomes.
2) Material para escrever: papel sulfite, canetinhas, lápis de cor, giz de várias cores.

Desenvolvimento

Primeiro passo: Começar bem

1) O coordenador motiva os participantes para a dinâmica.
2) Propõe um momento de reflexão individual a partir dos três momentos que seguem abaixo.

Segundo passo: "Teia de aranha"

1) O coordenador convida os participantes para o momento comunitário da dinâmica.
2) Este pode ser vivido de vários modos de acordo com o discernimento da equipe coordenadora e conforme o tempo disponível para este trabalho. Sugiro três momentos e para tanto seria interessante preparar o material necessário como, por exemplo, três folhas grandes de papel com espaço para caber os nomes dos três momentos aqui sugeridos:

Primeiro momento: Nascemos numa história

Todos são convidados a escrever o nome de seus avós, tanto paternos como maternos. O coordenador coloca o nome de algum deles ou mesmo o nome de ABRAÃO que é considerado o pai da nossa fé. Os nomes poderão aparecer tanto na linha horizontal como na vertical. Usar letra de fôrma para que tudo seja mais visível e legível. Deixar o tempo necessário para que os participantes acrescentem o nome de seus avós. Vai-se criando uma "teia de aranha", um entrelaçamento de nomes.

Segundo momento: Nossos pais

Em uma segunda folha ou sobre a lousa o coordenador convida alguém do grupo para escrever o nome de seu pai e de sua mãe. Depois convida os demais para que acrescentem o nome de seus pais. Deixar o tempo necessário para este momento.

Terceiro momento: Genealogia

Numa terceira folha ou sobre um terceiro lugar da sala, os participantes colocam o seu próprio nome a partir de um nome gerador como por exemplo: GENEALOGIA ou mesmo o nome do coordenador ou de alguém do grupo.

a) Todos vão acrescentando o seu nome num clima de reflexão.

b) Enquanto isto pode-se colocar uma música instrumental ou músicas com conteúdos próprios para esta dinâmica.

c) Aqui se pode deixar um momento maior para a participação podendo, cada um, também colocar o seu sobrenome.

d) Eis um exemplo de como poderá funcionar a "teia de aranha" com os nomes:

```
           ANGÉLICA
           N
A D R I A N A
N                 M
G E N E A L O G I A
É                 R O D R I G O
L I C A           C           M A I C O
I                 O S C A R   A
C A R L O S       S       I   R
A N D R É            L U C I A
  D                      A
H E N N Y               R O S A
  R                     D
  S                     O R L A N D O
  N E L S I
```

3) Portanto, trata-se de um envolvimento de todos os participantes para estes momentos:

   a) Os participantes podem escrever os nomes no sentido vertical como também horizontal.

   b) Vale lembrar que a criatividade de todos faz parte da dinâmica.

   c) O mais importante não são detalhes, mas o que se quer alcançar com a dinâmica.

Terceiro passo: Interpretação

1) Num terceiro momento convém criar um espaço de interpretação do caminho percorrido pelo grupo até o presente momento.

2) O coordenador pode provocar os participantes para um olhar sobre o todo da "teia dos nomes" e perguntar, por exemplo:

   a) De quem é este nome?

   b) Qual o nome com maior número de letras?

   c) Qual o nome com o menor número de letras ou sílabas?

   d) Quais os nomes que se repetem?

   e) Quais os nomes que começam com a mesma letra?

   f) Entre os nomes, quais são masculinos e quais são femininos?

   g) Alguém sabe o sentido de alguns nomes que apareceram? (Por exemplo: Emanuel quer dizer "Deus conosco"; Clara quer dizer "luz"...). Deixar um tempo para a leitura do sentido presente em cada nome.

   h) Alguém descobriu um outro nome dentro dos nomes que apareceram? (Por exemplo: dentro do nome Jovelino está o nome de Lino; dentro do nome Mariana está o nome de Maria...) Onde? Quais?

Refletindo e conversando

Esta dinâmica quer provocar um encontro agradável e reflexivo entre os participantes de um encontro. O trabalho também poderá ser feito individualmente. Trata-se de retomar o seu próprio nome, os nomes da sua família, avós... e tentar perceber a riqueza que está em cada nome e a importância das relações humanas que nos fazem viver com sentido.

> **Tenho o direito a um nome próprio que, ao ser pronunciado uma só vez por Deus, torna-se eterno e imortal (Canísio Mayer).**

10
Dinâmica da empatia

"Há duas formas para viver a sua vida.
Uma é acreditar que não existe milagre.
A outra é acreditar que todas as coisas são um milagre"
(Albert Einstein).

Objetivo

Buscar entender e cultivar aspectos importantes das relações humanas.

Intenções da dinâmica

Para que eu possa entender alguém, várias atitudes são importantes e necessárias, tais como:

1) acolher carinhosamente a pessoa que vem ao meu encontro e de quem também eu me aproximo;
2) escolher um lugar aconchegante para um encontro significativo;
3) saber silenciar e escutar o que o outro tem a dizer;
4) cultivar uma atitude de total gratuidade para com a pessoa que está comigo;
5) desarmar-se de qualquer tipo de amarra;
6) saber escutar o que ele diz e, sobretudo, escutar o que não consegue dizer e que aparece nas entrelinhas.

7) colocar-se na pele do outro sem com isso se identificar com ele...

São atitudes importantes que ajudam um trabalho qualificado e conseqüente com as pessoas, sobretudo nas relações humanas.

Número de participantes

Grupo médio ou pequeno.

Propondo material

- ✗ Caberá à equipe coordenadora fazer uso da sua criatividade para preparar o ambiente da reunião.
- ✗ Uma tira de papel para cada participante com o nome de: um animal, de uma ave, de um réptil..., ou o nome de um objeto fácil de ser imitado: cantor, sanfona, fotógrafo, alguém fazendo café..., ou ainda, conforme a criatividade da equipe coordenadora.
- ✗ O importante é ter dois papéis iguais com o mesmo nome: duas pessoas do grupo com o nome, por exemplo, de gato; outras duas com o nome de cachorro; outras duas limpando suas unhas, outras duas serão coelhos...
- ✗ Cópia das frases – PARA APROFUNDAR – para cada participante.

Desenvolvimento

Primeiro passo: Pares e partilha

1) Na chegada para o encontro, todos os participantes recebem a tira de papel com o nome do que terão que imitar.
2) As pessoas ainda não sabem quem é o parceiro de quem. Isto só acontecerá:
   a) No momento em que a equipe coordenadora motivar a imitação de cada bicho, objeto... que cada participante recebeu.

b) Esta imitação fará com que os pares se formem.

c) Deixar um tempo para a busca recíproca dos pares.

3) Formados os pares, a equipe coordenadora motivará uma partilha entre o par, independentemente se já se conhecem ou não.

4) Esta partilha poderá ser em forma de uma apresentação recíproca:

a) De elementos mais gerais da vida: nome, procedência, ocupações, família...

b) De aspectos da história de cada participante: onde nasceu, por onde já andou e residiu, que experiências foram marcantes ao longo da vida, quais foram as pessoas que mais o ajudaram na sua vida até o momento presente...?

c) Do momento atual: como você se encontra hoje? Que alegrias e preocupações carrega consigo? Quais são os sentimentos que fazem parte da sua vida nestes últimos tempos? Como é e o que caracteriza a sua família? Qual o seu engajamento social ou comunitário?

d) Da vida em relação ao futuro: como você encara o futuro? Quais são os seus dois maiores sonhos que cultiva em sua vida? O que ainda quer fazer na sua vida? Qual é o seu projeto de vida para o futuro?

5) Estes pares poderão estar em constante mudança, conforme o discernimento da equipe coordenadora. Esta poderá propor aos novos pares o mesmo tema ou outro.

Segundo passo: Observação

1) Depois da vivência do momento anterior, sugere-se agora um novo momento. Este visa ressaltar a capacidade de observação de todos os participantes.

2) Formam-se novos pares. Estes ficam a uma distância de dois metros um do outro.

3) Alguém da equipe coordenadora convida-os a se observarem de alto a baixo, prestando atenção aos mínimos detalhes no jeito de se vestir, pentear, calçados, bijuterias...

4) Depois de um pequeno momento de observação, todos são convidados a ficar de costas ao par e mudam duas coisas à sua frente: nos calçados (por exemplo, desamarrar um cadarço), na roupa (fechar um botão, colocar a camisa dentro da calça...), no visual (tirar os óculos, colocar algo, mudar o penteado...). Aqui toda criatividade é bem-vinda!

5) Depois todos se voltam para o seu par e tentam descobrir as duas coisas que cada um mudou.

Terceiro passo: Criar movimentos

1) Muda-se, mais uma vez, de par. Todos ficam um frente ao outro.

2) A equipe coordenadora prevê dois nomes sugestivos, como, por exemplo:

   a) fé e justiça

   b) ternura e compromisso

   c) afetividade e racionalidade

   d) céu e terra

   e) sonho e realidade

   f) hoje e história...

3) Dois nomes são propostos ao grupo. E os pares assumirão um nome cada um. Por exemplo, João será o SONHO e Maria será a REALIDADE. Nos demais pares cada um ou será sonho ou realidade.

4) A equipe coordenadora encaminhará a dinâmica propriamente dita:

   a) Pedirá aos que têm por nome de SONHO que sejam espelho, isto é, farão todos os movimentos que a REALIDADE fizer.

b) Portanto, todas as pessoas que têm por nome REALIDADE criarão movimentos leves e lentos. O sonho-espelho simplesmente imitará, de forma sincronizada, todos os movimentos criativos feitos pela realidade. Depois de um tempo de movimentos brandos, motiva-se para uma aceleração dos movimentos.

c) Depois de um tempo de movimentação, muda-se quem cria os movimentos. Agora será o SONHO que começará fazendo movimentos calmos. Estes serão seguidos pela realidade-espelho. Depois de um tempo de movimentos brandos, aceleram-se os movimentos. Esta aceleração poderá ser movida por uma música animada e ritmada. Deixar o tempo necessário para tanto.

Quarto passo: colocar-se na pele do outro

1) Todos os participantes mudam, mais uma vez, de par.

2) Ficam frente a frente. Adotam um nome, conforme segue no movimento anterior: um participante poderia se chamar de TERNURA e o outro de COMPROMISSO.

3) A ternura cria os movimentos, porém tentando se colocar na situação de alguém, como, por exemplo:

a) De alguém que chega em casa depois de um dia cansativo de trabalhos. A ternura criará todos os movimentos referentes a esta situação e o compromisso tentará imitá-la de forma sincronizada.

b) De alguém fazendo exercícios físicos.

c) De alguém preparando a água e o processo de fazer um café até o servir a alguém.

d) De alguém que está trabalhando num escritório, ou num outro ambiente de trabalho: prever situações que sejam familiares aos participantes.

e) Criar situações interessantes para fazer esta dinâmica significativa e atual.

4) Depois de um tempo de criação e imitação de movimentos, muda-se a responsabilidade, isto é, agora quem vai criar os movimentos será o Compromisso. A Ternura imitará todos os movimentos, nos mínimos detalhes.

5) Aqui seria interessante propor algumas situações a serem imaginadas, criadas e imitadas, tais como:

   a) Tentar imitar com as mãos, com o corpo, a expressão facial... de tudo o que se possa sentir no coração e na cabeça de alguém que está passando por um momento muito feliz de sua vida.

   b) Ou de alguém que está sofrendo uma perda significativa.

   c) Ou de alguém que está com grandes dúvidas na vida em relação à profissão.

   d) Ou de alguém que deseja ser mais livre, mais amável e mais verdadeiro.

6) Deixar um bom tempo para a vivência deste momento.

Quinto passo: a partir de uma frase sugestiva

1) Os pares são trocados mais uma vez. Cada um recebe um nome como, por exemplo: um será a FÉ e o outro será a JUSTIÇA.

2) A equipe coordenadora lançará uma frase sugestiva, e quem for FÉ criará movimentos sugestivos a partir do conteúdo da frase. A JUSTIÇA, por sua vez, tentará imitar fielmente os movimentos criados pela FÉ.

3) As frases poderiam ser estas ou outras. Caberá à equipe coordenadora escolher uma cada vez que mudar o par.

Frases sugestivas

a) "Você tem dois ouvidos e uma só língua. Portanto, ouça duas vezes e fale apenas uma" (Provérbio turco).

b) "O ouvido não foi feito para fechar, mas a boca foi" (Sabedoria da natureza).

c) "Quer ficar calmo? Respire suavemente diante da chama leve de uma vela que faz sossegadamente seu trabalho de luz" (Bachelard).

d) "Viver é sentir a beleza na luta e estar insatisfeito na acomodação" (Paulo de Araújo).

e) "Não se queixe porque a roseira tem espinhos. Alegre-se porque o espinho tem rosas" (Provérbio árabe).

Sexto passo: Dois em um?

1) Mudam-se os pares. Neste último momento, alguém da equipe coordenadora proporá a escolha, no par, dos nomes: um será o CÉU e o outro será a TERRA.

2) Ficarão frente a frente. Agora muda a lógica: tanto o CÉU como a TERRA criarão movimentos livres – primeiramente movimentos calmos. Além de criar, cada um tentará imitar os movimentos do outro. Depois de um tempo de criação e imitação dos movimentos um do outro, os movimentos podem ser acelerados. Uma música animada poderá ajudar este momento.

3) Depois de um tempo de movimentação, segue-se ao sétimo momento da dinâmica.

Sétimo passo: Interpretação

1) Após a vivência do momento anterior, a equipe coordenadora pedirá um momento de parada para uma interpretação da dinâmica como um todo. Esta poderá ser feita em pequenos grupos, de quatro participantes em cada grupo.

2) Nos grupos a avaliação e interpretação poderia se basear nestas questões e/ou outras:

   a) O que mais lhe chamou atenção nesta dinâmica?

   b) Quais foram as suas descobertas?

   c) O que foi fácil e o que foi difícil?

d) Qual a relação com a sua vida diária, com o seu trabalho, com as relações humanas...?

e) O que você leva para a sua vida como lição que você mesmo vivenciou durante a dinâmica?

3) Depois do trabalho nos grupos, seria importante favorecer um momento de fechamento da dinâmica. Isto se fará no plenário onde será sublinhado o que a dinâmica tem de melhor para a vida.

4) Deixar um tempo para que ou os grupos se manifestem ou os participantes falem de forma livre.

Oitavo passo: Para fechar com chave de ouro

1) De acordo com as condições de tempo e de espaço, poder-se-ia favorecer um momento derradeiro desta dinâmica.

2) Este consiste em formar "trios", de preferência com pessoas que ainda não se conhecem muito. Estas três pessoas poderiam caminhar pelos jardins, campos, lugar de encontro para uma partilha final da dinâmica.

3) Distribuir as cópias das frases "Para aprofundar".

4) Delimitar o tempo necessário para este momento conclusivo. A equipe coordenadora discernirá se o encontro terminará com todos juntos ou se o trabalho nos "trios" significa este fechamento com chave de ouro.

"Quando falares cuida para que tuas palavras sejam melhores que o silêncio"
(Provérbio indiano).

Para aprofundar

1) "Quanto mais discussões você ganhar, menos amigos terá" (Adágio americano).
2) "A amizade é uma planta que precisa ser regada" (Provérbio alemão).
3) "Vivam como irmãos e façam negócios como estranhos" (Provérbio árabe).
4) "O discurso sobre Deus vem depois do silêncio da oração e do compromisso" (Gustavo Gutiérrez).
5) "É melhor pôr o coração na oração sem encontrar palavras, do que encontrar palavras sem pôr nelas o coração" (Gandhi).
6) "Os prazeres são para o homem o que o sal e o vinagre são para a salada. Não se toma sal aos punhados nem vinagre aos copos" (Rousseau).
7) "O amor é uma belíssima flor, mas é preciso coragem para apanhá-la à beira de um pavoroso precipício" (Stendal).
8) "Se não houver frutos, valeu a beleza das flores. Se não houver flores, valeu a sombra das folhas. Se não houver folhas, valeu a intenção da semente" (Henfil).
9) "Ninguém é tão grande que não possa aprender e nem tão pequeno que não possa ensinar" (Píndaro/poeta grego).
10) "Quem é carregado nas costas não sabe avaliar o quanto a aldeia está distante" (Adágio africano).
11) "Eduque a criança e não será necessário punir o homem" (Pitágoras).
12) "Para fazer inimigos, fale; para fazer amigos, ouça" (Adágio americano).

11
Dinâmica dos contrastes

"As grandes coisas são feitas por pessoas que têm grandes idéias e saem pelo mundo para fazer com que seus sonhos se tornem realidades" (Ernest Holmes).

Objetivo

Entrar em contato com os contrastes da vida: na sociedade e dentro de cada um de nós.

Intenções da dinâmica

Podemos dizer que nós vivemos num mundo de contrastes: com terras secas e férteis, ricos e pobres, dominantes e dominados, os que podem e os que não podem, os livres e os presos...

Este fenômeno mundial é algo que acontece bem perto de cada um de nós. Basta olhar em nossa volta que todo tipo de contrastes se fazem presentes.

O que é mais chocante é perceber que todos os contrastes mundiais, regionais, locais são, também, os contrastes que cada pessoa vive interiormente. Nossa vida leva consigo a marca dos contrastes, das contradições. Por exemplo, criticamos – e com razão – as guerras mundiais, mas nem sempre somos capazes de evitar pequenas guerras em nossos lares, no trabalho, em nossa volta...

Número de participantes

Não existe um número preciso de participantes. Grupo médio.

Propondo material

1) Material para anotações: lápis, papel sulfite, canetas...

2) A equipe coordenadora deve providenciar uma boa quantidade de objetos que retratem os mais diversos tipos de contrastes. Seguem algumas sugestões:

   a) Fotos e gravuras com gente bem-nutrida e outras malnutridas.

   b) Recortes de jornais com sinais de vida e de morte.

   c) Bebidas apetitosas e outros copos com água suja, não tratada...

   d) Roupa limpa e suja.

   e) Carteiras com dinheiro e outras com contas a serem pagas.

   f) Correntes e símbolos de liberdade.

   g) Panelas com comida e outras vazias.

   h) Frutas limpas com boa apresentação e outras em estado deplorável.

   i) Carteiras de trabalho de gente empregada e outras de gente desempregada.

3) Prever outras situações que retratem os contrastes, sobretudo da região onde acontece esta dinâmica. Aqui é importante usar de muita criatividade.

4) Algodão com perfume e outro com álcool ou outra coisa com cheiro desagradável.

5) Água quente e fria (pedaços de gelo).

6) Providenciar várias folhas secas, folhas verdes, alguns ramos de espinhos e algumas flores...

Desenvolvimento

Primeiro passo: Olhar

1) O grupo é dividido em outros pequenos grupos: de cinco a dez participantes em cada grupo.

2) Nos grupos os participantes fazem um levantamento de todos os tipos de contrastes que existem:

a) no mundo,

b) em seu país,

c) na sua região,

d) na sua cidade e bairro,

e) na sua casa,

f) no seu trabalho...

1) Trata-se de um olhar abrangente sobre a realidade que circunda a vida dos participantes do grupo e dentro da qual cada um é e se move.

2) Provocar os participantes dos grupos para que usem de muita criatividade para uma apresentação em plenário daquilo que forem refletindo em relação aos contrastes. Estas apresentações podem ser:

a) Em forma de peças teatrais.

b) Expressões corporais.

c) Fazendo cartazes criativos.

d) Usando símbolos, objetos da natureza... para representar os contrastes que cada grupo refletiu.

e) Ou encontrar outra maneira de fazer visível o que o grupo refletiu.

3) Delimitar um bom tempo para este trabalho em grupos menores sobre os contrastes e sobre uma maneira criativa de apresentar ao grupo maior o resultado das reflexões.

4) Depois do trabalho em pequenos grupos, o grupo maior se reúne e acolhe os trabalhos que foram feitos nos grupos menores.

5) Aqui será importante a atitude de escuta atenta daquilo que cada grupo refletiu e apresentará para todos.

6) O coordenador deverá pensar um jeito dinâmico e criativo para estas apresentações.

1) Tudo o que podemos "sentir na pele" é mais significativo e conseqüente em nossas vidas.

2) Este segundo momento contrasta com o primeiro momento que era mais racional, reflexivo, de análise, de um olhar sobre a realidade, trabalho em equipe...

3) Para este momento será necessário uma equipe capaz de dinamizar um momento de recolhimento.

4) Prever material que será usado, como, por exemplo:

   a) Água quente e fria (pedaços de gelo).

   b) Algodão com perfume e outro com álcool ou outra coisa com cheiro desagradável.

5) O coordenador convida a todos os participantes para tomarem uma posição confortável na sala: pode ser sentados ou mesmo deitados sobre o chão (o ideal seria que tivesse alguns colchonetes).

6) Cria um momento de relax, isto é, convidando a todos:

   a) Para que fechem os olhos.

   b) Respirem três vezes com profundidade.

   c) Sintam os pés (deixar um tempo para isto).

   d) Sintam as pernas, os joelhos, as costas...

   e) Sintam e tranqüilizem os ombros, relaxem as mãos...

   f) Sintam a temperatura no rosto, nas mãos...

   g) Sintam e relaxem os olhos, os músculos no rosto...

   h) Sintam a pequena diferença do ar que inspiram daquele que expiram...

   i) Sentir a respiração, sentir o coração bater...

   j) O importante aqui é o fato de sentir. Não de pensar sobre, mas de sentir. É um exercício totalmente gratuito.

7) Depois desse relax, algumas pessoas, previamente escolhidas e orientadas, passarão por entre os participantes e:

a) tocarão de forma discreta as duas mãos de cada participante: com um algodão que é ensopado em água quase quente tocam uma mão. E com a pedra de gelo tocarão a outra mão. Isto acontecerá por poucos segundos.

b) Enquanto isto for acontecendo, pode-se ouvir uma música instrumental.

8) O mesmo poderá acontecer com o contraste no olfato: prever um algodão com perfume agradável e outro com algo desagradável. Este poderá ser álcool ou outra coisa. É importante estar atento, pois há pessoas que são alérgicas ao álcool. Daí ser necessário uma consulta prévia à dinâmica propriamente dita.

9) Pode-se criar outras realidades para uma vivência mais real dos contrastes na vida.

a) Providenciar várias folhas secas e várias folhas verdes. Estas serão passadas e sentidas de mão em mão.

b) Providenciar alguns ramos de espinhos e algumas flores...

c) Cabe à equipe coordenadora preparar bem este passo.

Terceiro passo: Contemplar

1) Depois de um tempo de vivência, quando se sentiu diversas realidades contrastantes, o coordenador convida a todos para um olhar contemplativo:

a) Sobre diversas realidades contrastantes que já estão no centro da sala e que foram previamente preparadas para este momento.

b) Ou as diversas realidades contrastantes serão trazidas, com calma, para o centro da sala. Enquanto isso, pode-se colocar músicas que ajudam a aprofundar este momento.

Quarto passo: Interpretar

1) Depois do percurso feito até aqui, é importante fazer uma interpretação:

a) Daquilo que foi refletido, sentido e visto.

b) Perceber a relação de tudo isso com o dia-a-dia dos participantes.

c) O que foi forte nesta dinâmica?

d) O que você leva para a sua vida?

e) Quais foram as revoltas, resistências que você sentiu durante a dinâmica?

f) Quais são os maiores contrastes que você experimenta em você mesmo?

g) Que situações se parecem com a sua vida diária? Conte algumas situações.

h) Elaborar outras questões para um aprofundamento desse momento, sobretudo questões que levem a um compromisso.

2) Encontrar um jeito criativo de terminar bem este encontro.

"Aprendemos a voar como os pássaros e a nadar como os peixes, mas não aprendemos a arte de conviver como irmãos"
(Martin Luther King).

12
Dinâmica sobre o preconceito

"Tudo o que nos acontece traz experiência, ou desenvolve uma qualidade que nos faltava" (Sakarawa).

Objetivo

Mergulhar no mundo do preconceito: percebê-lo, desmascará-lo e superá-lo.

Perceber os variados modos de preconceito em nossa sociedade.

Intenções da dinâmica

Será que os preconceitos – de todos os tipos – estão, de fato, em vias de superação? Ou está se colocando um "pano quente" sobre inúmeras situações que não aparecem de forma explícita aos olhos da humanidade? Ou o jeito de ser preconceituoso hoje é, exatamente, uma convivência num estado de falsa indiferença diante de situações cruciais do nosso tempo? Será que a problemática do preconceito é só um problema dos outros ou é algo que está em cada um de nós?

Esta dinâmica deseja discutir esta questão de fundo. Coloca uma situação-limite na vida de todos os que vivenciarão este momento. O importante é pensar, sentir e decidir e, depois, interpretar e discutir.

Aqui vale lembrar que todo tipo de interpretação que os participantes fazem da dinâmica, tudo isso faz parte da mesma. Vale também o alerta de que na vida não existe atitude neutra: ou somos a favor ou somos contra, ou construímos ou estamos favorecendo a destruição, ou contagiamos por um mundo mais digno ou estamos sendo coniventes com os dominadores e exploradores... Dizer que não está nem a favor e nem contra é também uma decisão, isto é, uma decisão de ficar em cima do muro, o que é, aliás, uma péssima decisão.

Número de participantes

Grupo pequeno ou médio.

Propondo material

- ✗ Caneta. E papel sulfite.
- ✗ Uma cópia a todos os participantes da história: UMA SITUAÇÃO-LIMITE.
- ✗ Lousa ou painel de papel.

Desenvolvimento

A reflexão e o trabalho sobre o preconceito partirá de uma situação-limite. O mais importante não é a situação em si mesma, mas o que ela deseja desencadear em cada participante. Às vezes encontramos pessoas que, por detalhes até sem sentido, perdem uma grande oportunidade de fazer um exercício que os ajudaria muito na vida cotidiana. Portanto, a equipe coordenadora deverá se ater ao que é importante e fundamental neste trabalho.

Primeiro passo: Encaminhar, imaginar e decidir

1) Todos os participantes recebem uma folha com a situação-limite.
2) Esta poderá ser lida em voz alta para dar mais vida e clarear qualquer dúvida possível.
3) Cada participante terá pouco tempo para escolher as sete pessoas que salvará.
4) Eis o contexto provocador da dinâmica:

Uma situação-limite

Estamos voando a uma altura de quase oito mil metros. Inúmeras pessoas – conforme segue abaixo – estão no mesmo avião. Depois de algumas horas de viagem, o avião acusou sérios problemas. O piloto e o co-piloto fizeram de tudo para saná-los. Porém, a coisa é séria. O piloto comunica aos 27 passageiros que a situação é irreversível. O avião tem poucos minutos de vida. Está para cair dentro de pouco tempo. Não existe nenhuma possibilidade de salvar o avião e os seus passageiros, pois não existe nenhum rio, mar ou aeroporto por perto. A única esperança que existe são os oito pára-quedas que estão debaixo do seu assento. Estes têm capacidade para salvar apenas oito pessoas, não mais. Está em suas mãos decidir quais as oito pessoas que serão salvas. Dentre as oito pessoas existe a possibilidade de você se salvar ou não. A decisão é unicamente sua. E se você não decidir, todos morrerão ou os mais espertos tomarão conta dos pára-quedas e se salvarão... Não demore, pois o tempo também voa. Estão no avião as seguintes pessoas:

1) Seu avô materno
2) Um varredor de rua
3) Um assaltante
4) Uma monitora de creche
5) Uma anciã de 70 anos
6) Um deficiente físico
7) Uma empregada doméstica
8) Um *hippie*
9) Um político de seu país
10) Uma mulher negra
11) Um professor mal remunerado
12) Uma pessoa sem religião definida
13) Um(a) jovem drogado(a)
14) Um jogador de futebol
15) Um(a) menino(a) de rua
16) Um desempregado, 50 anos de idade
17) Uma mulher marginalizada (prostituta)
18) Um jovem de pouca inteligência
19) Um adulto da África
20) Um pastor
21) Uma pessoa com o vírus HIV
22) Um homossexual
23) Um índio
24) Você mesmo
25) Um pequeno agricultor
26) Um ateu
27) Um cientista violento

Faça rapidamente a sua escolha e coloque as pessoas em ordem de prioridade, isto é, quem você salvaria em:

Primeiro lugar ______________________________
Segundo lugar ______________________________
Terceiro lugar ______________________________
Quarto lugar ______________________________
Quinto lugar ______________________________
Sexto lugar ______________________________
Sétimo lugar ______________________________
Oitavo lugar ______________________________.

Assinale, também, as cinco pessoas que você deixaria em último lugar para salvar. Coloque-as em ordem decrescente: última, penúltima, antepenúltima...

27º lugar: ______________________________
26º lugar: ______________________________
25º lugar: ______________________________
24º lugar: ______________________________
23º lugar: ______________________________

Reflita sobre os motivos, valores e critérios que você está adotando para:

1) **Salvar:** as razões que motivaram o salvamento das oito pessoas que você assinalou.
2) E reflita sobre os motivos que levaram você a **deixar** as cinco em último lugar.

Segundo passo: Socializar

1) Proporcionar um plenário para uma primeira reflexão conjunta.

2) Este momento pode girar em torno de uma partilha livre sobre o trabalho feito até este momento. Passar a palavra aos que quiserem, livremente, socializar o que vivenciaram durante a dinâmica.

3) Para esta partilha, algumas perguntas poderão ser uma ajuda provocativa, tais como:

   a) O que você achou desta dinâmica?

   b) O que foi fácil e difícil na sua vivência até o momento atual?

   c) Quais foram as maiores dificuldades?

   d) Quais as pessoas que você salvaria e quais deixaria em último lugar? Por quê?

   e) Pensar outras questões para este momento, tendo em vista o que se deseja com a dinâmica e, também, do tempo disponível.

Terceiro passo: A força do grupo

1) Para aprofundar ainda mais esta dinâmica poderia ser de grande valor fazer um trabalho em pequenos grupos.

2) A equipe coordenadora divide o grupo todo em equipes de cinco participantes cada uma.

3) Delimita um tempo para este trabalho: de meia hora, mais ou menos.

4) O que farão nos grupos?

   a) Partilhar sobre as oito pessoas que cada um salvaria. Alguém poderia anotá-las para visualizar todas as pessoas que aparecerem.

   b) Partilharão, também, sobre os motivos que levaram a salvar estas pessoas e não outras.

c) O grupo terá, agora, a missão de escolher apenas oito pessoas que salvaria como grupo. Portanto, os cinco participantes do grupo terão de ponderar – defender e renunciar – sobre quais consideram ser as oito pessoas – não mais nem menos – que o grupo salvaria. Aqui existe uma grande riqueza que deve ser muito bem conduzida: o trabalho em equipe, a defesa de valores, convicções... a capacidade de escutar e de se expôr, enfim, participar da vida.

d) Depois da escolha das oito pessoas que o grupo salvaria, o próprio grupo coloca essas oito pessoas em ordem de prioridade, isto é, quem salvaria em primeiro, segundo, terceiro... lugar.

e) Mais: escreverão, depois de cada uma destas oito pessoas salvas, uma frase interessante sobre cada uma destas pessoas: sobre o seu valor, sobre o que significam ou ensinam para nós, sobre o que deveríamos aprender de cada um. Aqui a interpretação que o grupo fizer, será parte da dinâmica.

Quarto passo: A opção maior

1) O grupo se reúne em plenário.

2) Faz uma partilha sobre o trabalho feito nos grupos:

   a) Como foi o trabalho nos grupos?

   b) O que foi importante neste trabalho?

   c) Quais as maiores descobertas e dificuldades?

   d) Qual a relação desse trabalho em equipe com a vida?

   e) Pensar outras questões pertinentes para um crescimento maior entre os participantes.

3) A equipe coordenará mais um momento importante: fará um levantamento das oito pessoas que cada grupo salvou. Escreverá sobre a lousa ou papel. Assinalará todos os nomes que aparecerem mais vezes.

4) Depois desse levantamento, será possível ver quais as oito pessoas que o grupo grande salvaria. Caso haja algum em-

pate, seria importante provocar ponderações no grupo: a favor ou contra as pessoas em jogo.

Quinto passo: Relação com a vida

1) Este último momento é tão importante quanto todos os que o antecederam.
2) O importante aqui é fazer uma interpretação e avaliação da dinâmica como um todo:
   a) Qual a relação da dinâmica com a sua vida cotidiana?
   b) O que de bom você leva para a sua vida?
   c) Que questionamentos – "pulgas atrás da orelha" – você leva consigo?
   d) Como foi a participação de todos na história desta dinâmica?
   e) Como o grupo pode crescer, amadurecer mais, dar novos passos...?
   f) Preparar outras questões e terminar bem o encontro.

As pessoas e a experiência humana nos ensinam que a resistência no bem é muito mais forte do que a força do mal.

13

Dinâmica:

Em busca do meu lugar

"Não me constranjo de sentir-me alegre, de amar a vida assim, por mais que ela nos minta..." (Mário Quintana).

Objetivo

Refletir sobre diversas posturas ou atitudes vislumbrando encontrar o meu lugar.

Intenções das dinâmicas

São diversos os sentidos destas dinâmicas: envolvimento de diversas pessoas do grupo na execução das mesmas; análise e reflexão de quatro posturas ou atitudes diante de determinadas realidades do dia-a-dia; momento de autocrítica, modos de se relacionar com a comunidade e grupos, percepção de posturas diante de problemas que tocam a coletividade, revisão de vida...

Seguem duas dinâmicas[1] que poderão ser usadas por diversos grupos nas mais variadas circunstâncias. Ambas exigem uma pequena preparação prévia.

---

1. As duas dinâmicas têm sua inspiração nas dinâmicas intituladas Dinâmica do Sonrisal e Dinâmica das Velas. Ambas se encontram em: Mayer, Canísio. *Viver e conviver*. São Paulo: Paulus, 1997, p. 94-97. No presente livro as dinâmicas foram ampliadas.

A partir de cinco comprimidos

"Se é pra ir pra luta, eu vou. Se é pra estar presente, eu tou, pois na vida da gente o que vale é o amor" (Zé Vicente).

Número de participantes

De preferência não mais do que 30 participantes.

Propondo material

1) Quatro copos com água potável, quase cheios.
2) Cinco envelopes de comprimidos efervescentes (Sonrisal...).

Desenvolvimento

Primeiro passo: Encaminhar

1) Colocar sobre uma mesa os quatro copos de água. Estes deverão ser visíveis para todos os participantes.
2) Escolher cinco pessoas dentre os participantes, de preferência antes de começar o encontro. Chamá-los à parte: dar um envelope com o comprimido a cada um. Convidá-los a representar cinco posturas diferentes. Trata-se de uma encenação onde não acontece nenhuma fala. Eis as cinco situações e/ou outras:
   a) ***Primeira situação:*** A primeira pessoa entra na sala onde estão os copos e os participantes. Olha para o Sonrisal, para os copos e os participantes e, com um olhar revoltado e de desprezo, joga o comprimido no chão ou no meio dos copos e vai se sentar.
   b) ***Segunda situação:*** A segunda pessoa entra com o comprimido, olha para os participantes, os copos e para o Sonrisal. Permanece alguns segundos diante dos copos, faz uma "orelhinha" no envelope do Sonrisal e o pendura do

lado de fora de um dos quatro copos que estão sobre a mesa. Depois, senta no seu lugar.

c) ***Terceira situação:*** A terceira pessoa com o comprimido na mão entra na sala, olha para os demais participantes, olha para os copos e "mergulha" o Sonrisal dentro de um dos copos, porém sem abri-lo. Depois, senta no seu lugar.

d) ***Quarta situação:*** A quarta pessoa entra na sala, olha para o Sonrisal, as pessoas e os copos. Abre o envelope e coloca o comprimido do lado de fora de um dos copos. Portanto, o Sonrisal é tirado do seu envelope, porém não se mistura com a água. Depois, senta no seu lugar.

e) ***Quinta situação:*** A quinta pessoa entra com um olhar alegre. Olha com carinho para o Sonrisal. Olha com um olhar desafiador para os demais presentes. Pára por um pequeno instante diante dos copos. Toma um copo em suas mãos. Mostra-o aos demais participantes. Coloca-o novamente sobre a mesa. Pega o Sonrisal. Abre o envelope. Coloca o comprimido dentro da água. Deixa fervilhar por um instante. Pega um pouco e passa para alguns presentes também tomarem. Estes poderão aceitar ou negar. Tudo faz parte da dinâmica.

Segundo passo: Vivenciar e interpretar

1) Chegado o momento da dinâmica, o coordenador motiva os participantes para este momento. Tentará sensibilizá-los e contextualizá-los dentro do tema em debate...

2) Na representação das cinco situações não existe nenhuma fala. Tudo acontece em silêncio.

3) Portanto, as cinco pessoas vão entrando uma depois da outra. Não se pode apressar este momento, exatamente para que a dinâmica ressoe dentro de cada participante.

4) Passadas as cinco pessoas que representaram cinco situações diferentes, favorecer junto aos participantes um momento de interpretação. Esta poderá ser em três etapas:

a) Primeira: em duplas ou em "trios" e retomarão a dinâmica como um todo. Partilharão sobre o que viram, sentiram e qual a relação da dinâmica com o tema em debate, ou qual a relação da dinâmica com a nossa vida cotidiana.

b) Segunda: fazer um plenário para que todos possam partilhar o que foi importante no trabalho em pequenos grupos.

c) Terceira: somente neste momento, o coordenador poderá fazer algumas ponderações e amarramentos. Esta postura é importante, pois quem vive o concreto do dia-a-dia são, geralmente, os participantes do encontro.

A partir de quatro velas

> "Quando o dia da paz renascer, quando o sol da esperança brilhar, eu vou cantar.
> Quando o povo nas ruas sorrir, e a roseira de novo florir, eu vou cantar...
> Vai ser tão bonito..." (Zé Vicente).

Objetivo

Perceber o jeito de ser no grupo e ao mundo.

Levar os participantes a retomarem a vida e o que dá sentido ao viver.

Intenções da dinâmica

Os contrastes e as contradições fazem parte da vida cotidiana de todos nós: verde e seco, sol e chuva, dia e noite, ricos e pobres, bonito e feio, limpo e sujo... coerência e incoerência, criticismo e crítica, solidariedade e desprezo, abraço e indiferença...

Esta dinâmica questiona as formas de participação em diferentes grupos: família, vilas, comunidades, organizações, cidade, campo...

Ela busca refletir quatro posturas frente a certas realidades da vida.

Propondo material

1) Quatro velas de bom tamanho para que sejam visíveis a todos os participantes de um encontro ou de uma reunião comum.
2) Umas sete velas de porte menor.
3) Cd música instrumental, se possível.
4) Providenciar um recipiente – ou vaso – suficientemente grande com terra boa. Cada participante recebe uma semente.
5) Providenciar uma urna para colocar os compromissos.

Número de participantes

Grupo médio ou grande.

Desenvolvimento

Primeiro passo: Encaminhamento

A equipe coordenadora convida, antes mesmo da vivência da dinâmica, quatro pessoas para encenarem quatro situações diferentes. Seguem quatro situações ou outras conforme a criatividade da equipe:

1) Primeira situação: Situação de revolta e desprezo total. A primeira pessoa entra em cena.
   a) Recebe uma vela acesa: *"Recebe esta luz que simboliza a esperança, você mesmo, a importância que você tem para todos nós, o amor..."* Aqui se pode dar diversos sentidos à vela acesa. Caberá à equipe coordenadora contextualizar este momento.
   b) A pessoa toma a vela em suas mãos, olha-a com desprezo, e diz em voz forte: *"O que eu quero com esta vela? Isto é coisa de Igreja, para crianças, mulheres e velhos. Não quero saber nada disso!"*
   c) E joga a vela ao chão, com revolta, e vai-se embora.

2) Segunda situação: Situação de indiferença e omissão. A segunda pessoa entra em cena.

a) Recebe uma vela acesa e a toma em suas mãos.

b) Caminha um pouco por entre os demais participantes e também apaga a vela.

c) Joga-a no chão, sem tanta revolta. Não diz nada e vai-se embora.

3) Terceira situação: Situação egocêntrica. A terceira pessoa entra em cena.

a) Esta pessoa poderá ser chamada pelo nome. Ao que, responde e se apresenta.

b) Recebe a vela acesa. Contempla a luz e a beleza da vela.

c) Vai com a luz para um canto da sala.

d) Fecha-se sobre a luz e fica com ela só para si.

4) Quarta situação: Situação solidária. A quarta pessoa entra em cena.

a) A quarta pessoa é chamada pelo nome. Responde e se apresenta prontamente no meio dos demais participantes.

b) Recebe uma vela acesa.

c) Encanta-se com o calor e a força da luz da vela.

d) Não fica a luz para si, mas vai ao encontro dos demais participantes (dentre estes, há umas sete pessoas com velas, recebidas antes do início da dinâmica.) Olha nos olhos dos participantes.

e) E acende as sete velas dos participantes.

f) Enquanto vai acendendo as velas, diz alguma frase de motivação, de apoio, de desafios... tais como:

✗ *"esta luz não pode ficar escondida"*,

✗ *"esta luz é para brilhar"*,

✗ *"esta luz quer aquecer o seu coração, a sua vida..."*

✗ *"esta luz é sua, cuida dela",*

✗ *"cultive este fogo, que é o fogo do... da..."*

Aqui é importante usar muita criatividade.

Usar músicas instrumentais que ajudem a criar um clima favorável aos frutos que se deseja com esta dinâmica.

Segundo passo: Vivência

1) As quatro situações são representadas sem precipitação.
2) Reservar o tempo necessário para a vivência calma dessas quatro situações.
3) Durante a apresentação todos os participantes são convidados a assistir a tudo o que acontece e a perceber onde cada um se sente tocado ou mesmo identificado.

Terceiro passo: Reflexão e interpretação

1) Este momento é muito importante. Sem ele, faltaria a interpretação, o debate e o aprofundamento tão necessários em nossos dias.
2) Para alcançar melhores frutos, poderá ajudar a formação de pequenos grupos para a interpretação da dinâmica como tal:
   a) Refletir sobre o que cada um viu, ouviu e sentiu.
   b) Qual a situação que mais lhe chamou a atenção? Por quê?
   c) Quais os detalhes na representação que foram significativos?
   d) O que significa, para você, cada vela acesa e as atitudes representadas?
   e) O que a dinâmica quis representar?
   f) Onde está a atualidade destas representações para os nossos dias?
   g) Qual deveria ser a sua e a nossa missão diante das quatro situações representadas?

h) Que postura nós deveríamos ter diante de pessoas:

✗ Revoltadas e que desprezam?

✗ Omissas e indiferentes?

✗ Egocêntricas e fechadas sobre si mesmas?

✗ Solidárias, comunitárias, altruístas?

i) Refletir sobre a relação da dinâmica com todos os aspectos da vida dos participantes: vida familiar, vida no trabalho, na sociedade, nos grupos...

3) Favorecer um momento de reflexão durante o plenário.

4) Este poderá seguir as questões que foram pano de fundo para os pequenos grupos.

Quarto passo: Compromisso

1) Caberá à equipe coordenadora encontrar um jeito de terminar bem este encontro, esta dinâmica.

2) Eis algumas propostas:

a) Convidar os participantes para que escrevam numa folha dois pontos que querem cultivar mais em suas vidas. Estes compromissos poderão ou não ser partilhados no grupo todo.

b) Prever um recipiente – ou vaso – suficientemente grande com terra boa. Cada participante recebe uma semente. Reflete sobre o compromisso que deseja cultivar dali para frente. Depois, um por um, irá até o recipiente e plantará a sua semente: poderá dizer em voz alta o que deseja plantar junto com a semente.

c) Prever uma urna. Os participantes pensam e anotam um compromisso concreto que desejam assumir doravante. Juntamente com uma música, colocam o seu desejo-compromisso na urna. Caberá à equipe coordenadora discernir o que fazer com os pedidos aí depositados.

d) Ou pensar outros jeitos. O importante é sempre terminar bem um encontro.

> **"Viver é sentir a beleza na luta e estar insatisfeito na acomodação"**
> **(Paulo de Araújo).**

14
Dinâmica do "Qual é"?

"A vida é um sonho, sonhada com a possibilidade de ser o sonhado" (Maria Stela Graciani).

Objetivo

Entrar em relação com os sentimentos: linguagem viva do ser humano.

Intenções da dinâmica

Um dos grandes desafios de nosso tempo é a capacidade e a grandeza de escutar-se. Isto é, escutar e acolher os próprios sentimentos, acolher o momento atual da vida. Caso contrário, podemos nos tornar escravos de tudo o que nos rodeia e, o que é pior, tornarmo-nos escravos de nós mesmos.

Esta dinâmica visa buscar este objetivo maior: parar por alguns instantes, escutar-se e anotar o que o coração, a mente e o momento presente sugerem. Depois desta escuta, pode-se criar um momento interessante de conversação e de interpretação do vivido pelos participantes de um encontro.

Número de participantes

Grupo pequeno, de preferência.

Material necessário

1) Material para escrever.

2) Uma cópia para cada participante do texto "QUAL É?"

Desenvolvimento

Primeiro passo: Motivar

1) Todos recebem uma cópia do texto "QUAL É?"

2) São motivados para os momentos que se seguem: de acordo com o objetivo desta dinâmica ou de acordo com a preparação feita pela equipe coordenadora do encontro.

3) Prever de 20 a 30 minutos de reflexão individual para responder às questões que estão na folha. Estas questões poderão ser outras. Isto dependerá do objetivo do encontro e da preparação prévia desta folha organizada pela equipe coordenadora.

4) Recomendar aos participantes para que:

   a) Leiam, com calma, cada questão.

   b) Deixem que os sentimentos se manifestem e sejam acolhidos.

   c) Anotem, ao lado de cada pergunta, o que for importante.

   d) Não se trata de um teste escolar em que existe o certo e o errado. O que se quer aqui é uma escuta de tudo o que nos envolve.

   e) É importante não recolher o que cada um escrever exatamente para fugir de uma dimensão acadêmica ou de prestação de serviços. O que se quer aqui é crescer como pessoa e como grupo.

   f) A interpretação de cada questão faz parte da dinâmica.

   g) Motivar os participantes para que usem o lado poético de suas vidas.

   h) As questões querem ser respondidas dentro da compreensão dos participantes e não daquilo que os outros pensam ou mesmo como deveria ser.

5) O lugar de reflexão assume uma importância singular, pois ele poderá ajudar ou atrapalhar. Portanto, é aconselhável que cada participante:

a) escolha um lugar aconchegante;

b) adote uma posição do corpo que favoreça o recolhimento;

c) respire profundamente;

d) que se conscientize do momento importante que está vivendo;

e) que viva este momento com alegria, gratuidade e responsabilidade.

Segundo passo: Partilhar

1) Depois do tempo de reflexão pessoal, acontece um momento de partilha.

2) Em se tratando de um grupo maior, convém fazer grupos pequenos para que todos possam participar ativamente da partilha.

3) Delimitar um tempo para este momento de partilha. Esta poderá:

a) seguir as questões sugeridas e/ou outras;

b) a equipe coordenadora escolherá algumas questões sobre as quais poderá girar a partilha no grupo ou nos grupos;

c) ou ainda, deixar livre para que os participantes do grupo escolham as questões sobre as quais gostariam de conversar e aprofundar.

Terceiro passo: Interpretar

1) Antes de terminar este trabalho é importante fazer uma interpretação da dinâmica:

a) Da sua relação com a vida.

b) Da importância de escutar-se.

c) Dos sentimentos que estiveram presentes durante a reflexão pessoal e a partilha em grupos.

d) Dos frutos que cada participante está levando para a sua vida.

2) Fazer uma avaliação da dinâmica, do modo como todos participaram, da continuidade destas reflexões...

3) Outras considerações.

> "Nos olhos do jovem arde a chama.
> Nos do velho, brilha a luz"
> (Victor Hugo).

Qual é?

1. Esta dinâmica me faz... (continuar escrevendo livremente o que sente e o que vem à cabeça).
2. O momento mais gostoso da vida é...
3. Qual é o dia mais belo do viver?
4. Qual é a coisa mais fácil de se conseguir?
5. E qual é a coisa mais difícil de se alcançar na vida?
6. Qual é o maior obstáculo na vida?
7. Qual é o maior erro que alguém pode cometer?
8. Onde está a raiz de todos os males?
9. Qual é a distração mais bela?
10. Qual é a pior derrota?
11. Quais os maiores professores?
12. Ser sábio significa...
13. Qual é a maior necessidade do ser humano?
14. Qual é a coisa mais gostosa de se fazer?
15. Qual é o maior mistério?
16. Qual é o pior defeito no mundo e numa pessoa?
17. Qual é a pessoa mais perigosa?
18. O que você detesta num amigo?
19. Qual o pior sentimento?
20. Qual é o presente mais belo que alguém pode receber?
21. O que é mais imprescindível no caráter de uma pessoa?
22. Qual é o caminho mais rápido?
23. Por que o ser humano, às vezes, esquece de amar?
24. Qual a sensação mais grata?
25. Qual é a maior expressão de amor de um ser humano?
26. Como você supera os problemas na vida?

27. Qual é o melhor remédio?
28. O melhor esporte não é correr, mas...
29. Qual é a maior satisfação?
30. Qual é a força mais potente do mundo?
31. Quais são as pessoas mais necessárias para um mundo melhor?
32. O que você mais gosta de curtir?
33. Como você gostaria de ser dentro de 30 anos?
34. Como você encara o momento presente e o futuro?
35. Qual é a coisa mais bela de todas?
36. Os meus dois maiores sonhos são...
37. Refletir sobre estas questões me...
38. No final deste ano gostaria de...
39. Caminhar é fundamental, contudo...
40. Ainda gostaria de dizer que...

15
Dinâmica dos temas sugestivos

"As pessoas que vencem neste mundo são as que procuram as circunstâncias de que precisam e, quando não as encontram, as criam" (George Bernard Shaw).

Objetivo

Olhar a vida de frente. Pensar, analisar, ponderar... situações comuns da vida cotidiana.

Intenções da dinâmica

O sentido desta dinâmica é criar e provocar um espaço de conversação. Hoje, mais do que nunca, é necessário ressuscitar momentos de conversação entre as pessoas, de debate e de busca da verdade. Um dos caminhos mais aconselháveis é o de sentar-se numa roda, numa mesa e olhar de frente a vida, os fatos, as afirmações, as questões difíceis, as polêmicas... Buscar coletivamente um amadurecimento de situações que tocam a vida cotidiana.

O trabalho proposto visa sugerir alguns caminhos possíveis, a partir de frases que marcaram a história. São afirmações que continuam com uma grande atualidade e força em nossas vidas.

Número de participantes

Grupo médio.

Propondo material

1) Esta dinâmica exige uma preparação prévia. Nesta, a equipe coordenadora deverá providenciar um jeito criativo de formar equipes, dando a cada participante um número, ou uma cor, ou o nome de um animal, objeto...
2) Cópia do texto com as propostas de trabalho em grupos. Algumas sugestões seguem no texto – TEMAS SUGESTIVOS – e deverão ser escolhidas conforme o interesse do grupo e o objetivo do encontro.

Desenvolvimento

Primeiro passo: Motivar e encaminhar

1) É importante motivar os participantes para a dinâmica:
   a) Para a participação alegre e ativa de todos os participantes.
   b) Para o uso de toda a criatividade do mundo.
   c) Para fazer deste um momento importante de vivência e aprendizado.
   d) Para o prazer e a importância de um trabalho em equipe.
   e) Entre outras motivações.
2) Encaminhar os momentos que serão vividos pelo grupo e por cada participante:
   a) Formação de grupos: não mais do que oito participantes em cada grupo.
   b) Tiras de papel com algumas frases provocativas para a reflexão, aprofundamento e criação de uma enquete, música, expressão corporal, jogral... As frases provocativas podem ser do texto – TEMAS SUGESTIVOS – ou outras.
   c) Delimitar um tempo de reflexão, de aprofundamento e de criação de alguma coisa a partir do trabalho em equipe.
3) Após o trabalho em grupos, privilegiar um momento de apresentação aos demais do trabalho feito.

4) Pode-se fazer um debate com os demais participantes do encontro. O que é importante aqui é a possibilidade de todos poderem apresentar o fruto de seu trabalho. Esta apresentação não precisa ser num mesmo encontro.

Outras duas maneiras de fazer esta dinâmica:

1ª) O grupo escolhe:

a) Formação de grupos: de quatro a oito participantes em cada grupo.

b) Entregar uma cópia do texto – TEMAS SUGESTIVOS – a cada grupo ou a todos os participantes, se for possível.

c) Nos grupos, os Temas sugestivos são lidos com calma e o grupo escolhe um tema, ou algumas frases que gostaria de aprofundar no próprio grupo.

d) O grupo como tal escolhe uma ou algumas frases a partir das quais criará uma apresentação para os demais, num segundo momento.

e) Portanto, quem escolhe o(s) tema(s) para o debate são os participantes de cada grupo (e não a equipe coordenadora). Não será problema se alguns grupos escolherem o mesma tema.

f) Delimitar junto aos grupo o tempo para o que se deseja.

g) Proporcionar um momento de apresentação dos trabalhos feitos nos pequenos grupos. Durante o plenário seria bom propiciar um aprofundamento entre todos os participantes.

2ª) Você e o grupo:

a) Uma outra modalidade poderia ser esta: cada participante recebe uma cópia do texto com os temas sugestivos.

b) São motivados para uma leitura individual em que cada um assinalará uma ou duas frases que lhe chamam mais atenção.

c) Estas frases assinaladas servirão para uma partilha e debate em pequenos grupos.

d) Portanto, caberá à equipe coordenadora:

✗ Encontrar um jeito criativo de formação de pequenos grupos.

✗ Delimitar e proporcionar um tempo para a leitura e a escolha de algumas frases sugestivas. Enquanto isso pode-se colocar uma música instrumental.

e) Nos grupos acontecerá a partilha que poderá girar em torno destas questões ou outras:

✗ Quais são as frases que você escolheu?

✗ O que levou você a escolher estas frases e não outras?

✗ Quais as dúvidas que você teve ao escolher estas afirmações?

✗ Como você entende o sentido destas afirmações?

✗ Qual a importância destas frases para o nosso tempo?

✗ Outras sugestões.

f) Após este trabalho em grupos, pode-se fazer um plenário para avaliar como foi a partilha do trabalho feito nos grupos: o que foi bom, descobertas, coincidência ou não de frases...? Como foi a participação de todos?

Segundo passo: Terminar bem o encontro

1) Caberá à equipe coordenadora prever este momento final tão importante como os demais.

2) Como sugestão, este momento poderia ser norteado por sugestões, tais como:

a) Fazer um giro para que cada participante falasse a frase que escolhera.

b) Deixar livre para quem gostaria de desejar alguma frase para o grupo ou para uma situação especial do grupo, de famílias, de participantes do grupo...

c) Dizer em voz alta a frase que gostaria de levar mais a sério dali para frente?

d) O importante é terminar bem o encontro e comprometido com algo para que o encontro fique na lembrança como algo sem conseqüências na vida cotidiana.

"A verdadeira medida de um homem não é como ele se comporta em momentos de conforto e conveniência, mas como ele se mantém em tempos de controvérsia e desafio"
(Martin Luther King)

Temas sugestivos

1. *"As boas amizades são como o vinho, melhoram com o tempo" (Monteiro Lobato).*
2. *"De todas as coisas humanas a única que tem seu fim em si mesma é a arte" (Machado de Assis).*
3. *"Mestre não é quem sempre ensina, mas quem de repente aprende" (Guimarães Rosa).*
4. *"Cada caminho tem de ser pisado muitas vezes para que se torne um caminho seguro" (Daniel Munduruku).*
5. *"Feliz de quem atravessa a vida tendo mil razões para viver" (Dom Hélder Câmara).*
6. *"Pai, me dá hoje e para sempre a coragem dos trigais na rota dos ventos, a tolerância das pedras no leito das águas, a inocência das flores expostas às abelhas" (Hugo de Lara).*
7. *"Eu gostaria que a minha música levasse os meninos a Deus. É uma música que fala à luz, à luminosidade" (Tom Jobim).*
8. *"O tempo é um ponto de vista. Velho é quem é um dia mais velho que a gente..." (Mário Quintana).*
9. *"A ingratidão é um direito do qual não se deve fazer uso" (Machado de Assis).*
10. *"Em vários momentos da minha vida, no meu trabalho, fecho os olhos e entrego tudo a Deus, para ser instrumento de construção desse Reino de Deus, de justiça e igualdade" (Chico Pinheiro).*
11. *"O único progresso verdadeiro é o progresso moral. O resto é simplesmente ter mais ou menos bens" (José Saramago).*
12. *"Sonho com o dia em que a justiça correrá como água e a retidão, como um caudaloso rio" (Martin Luther King).*
13. *"Liberdade é uma palavra que o sonho humano alimenta, não há ninguém que explique e ninguém que não entenda" (Cecília Meireles).*
14. *"Quando uma árvore é cortada ela renasce em outro lugar. Quando eu morrer quero ir para esse lugar, onde as árvores vivem em paz" (Tom Jobim).*
15. *"Para nosso povo, uma pessoa fraca é aquela que tem medo de desafiar o desconhecido" (Daniel Munduruku).*
16. *"Felicidade é a certeza de que nossa vida não está se passando inutilmente" (Érico Veríssimo).*
17. *"Nós matamos o tempo, mas ele enterra-nos" (Machado de Assis).*
18. *"O ser humano é grande porque se arrisca" (Chico Alencar).*
19. *"Ser ecológico é tomar a atitude consciente de viver em fraternidade com tudo o que somos: é ser bicho, pedra, árvore, rio, mar. É ser terra e terra. Feminino e masculino" (Chico Alencar).*
20. *"A solução natural é a curva, presente em tudo: no raciocínio, no universo, na democracia, na vida" (Oscar Niemeyer).*
21. *"Se os líderes lessem poesia, seriam mais sábios" (Octávio Paz).*

22. *"A mocidade é o tempo em que a gente quer ser dono do mundo e ao mesmo tempo sente que sobra nesse mundo" (Rachel de Queiroz).*
22. *"O tempo não comprou passagem de volta" (Mário Lago).*
23. *"Não tenho um caminho novo. O que eu tenho de novo é um jeito de caminhar" (Thiago de Melo).*
24. *"Esperança é o que precisamos para que nossa alegria seja completa" (Teillard de Chardin).*
25. *"A verdade não pode escandalizar" (Marilena Chauí).*
26. *"A vida é um sonho, sonhada com a possibilidade de ser o sonhado" (Maria Stela Graciani).*
27. *"O olho do homem serve de fotografia ao invisível, como o ouvido serve de eco ao silêncio" (Machado de Assis).*
28. *"A paz não pode ser mantida à força. Somente pode ser atingida pelo entendimento" (Albert Einstein).*
29. *"Nos olhos do jovem arde a chama. Nos do velho, brilha a luz" (Victor Hugo).*
30. *"A liberdade não tem qualquer valor se não inclui a liberdade de errar" (Mahatma Gandhi).*
31. *"O bravo não é quem não sente medo, mas quem vence esse medo" (Nelson Mandela).*
32. *"Feliz aquele que transfere o que sabe e aprende o que ensina" (Cora Coralina).*
33. *"Vou te contar, os olhos já não podem ver coisas que só o coração pode entender. Fundamental é mesmo o amor. É impossível ser feliz sozinho" (Tom Jobim).*
34. *Amigo, para mim, é a pessoa com quem a gente gosta de conversar de igual para igual, desarmado" (Guimarães Rosa).*
35. *"Estou sempre alegre: essa é a maneira de resolver os problemas da vida" (Charles Chaplin).*
36. *"O passado é uma lição para se meditar, não para se reproduzir" (Mário de Andrade).*
37. *"Até cortar os próprios defeitos pode ser perigoso. Nunca se sabe qual é o defeito que sustenta nosso edifício inteiro" (Clarice Lispector).*
38. *"Lutar pelo amor é bom, mas alcançá-lo sem luta é melhor" (William Shakespeare).*
39. *"Um coração feliz é o resultado inevitável de um coração ardente de amor" (Madre Teresa).*
40. *"As pessoas entram em nossa vida por acaso, mas não é por acaso que elas permanecem" (Lilian Tonet).*
41. *"O amor é o nosso estado natural quando não optamos pela dor, pelo medo ou pela culpa" (Willis Harman e Howard Rheingold).*
42. *"Saia da roda do tempo e venha para a roda do amor" (Jalaludin Rumi).*
43. *"O que torna belo o deserto é o fato dele esconder um poço em algum lugar" (Saint Exupèry).*
44. *"O amor é como fogo: para que dure é preciso alimentá-lo" (La Rochefoucauld).*

16
Dinâmica: construindo a vida

Os grandes feitos humanos
Sempre começam no silêncio do coração
humano (Canísio Mayer).

Objetivo

Entrar em contato com a vida como um todo.

Cultivar a capacidade de escuta, interpretação, partilha.

Intenção da dinâmica

Num trabalho com pessoas é importante ter presente alguns aspectos centrais: o contexto real e existencial de cada participante, o contexto de vida dentro do qual se respira e os sonhos que movem os que estão fazendo este encontro e fazendo a história viva desta dinâmica.

O ser humano não se compreende em si mesmo, porém se autocompreende na relação com os outros, com o transcendente, consigo mesmo e situado num mundo concreto.

Tudo o que acontece nesta dinâmica faz parte da mesma, isto é, o modo como cada participante vive cada passo aqui proposto e a interpretação que faz é parte integrante e inerente à própria dinâmica.

Trata-se de uma dinâmica que pode ser usada:

a) Com os mais variados públicos: adultos, jovens, adolescentes, crianças... pessoas letradas ou simples, do campo ou da cidade...

b) Com pessoas que vivem em diferentes contextos: de vida, de missão, de relações humanas...

c) Com pessoas que participam de diversas modalidades de cursos, encontros, revisões de vida, início de caminhadas...

Número de participantes

Não mais que 30 participantes.

Propondo material

1) Jornais e/ou revistas: de preferência da região de onde são os participantes da dinâmica. Seria interessante que estes jornais não fossem todos do mesmo dia, mas de épocas diferentes.
2) Algo para escrever: canetas, canetinhas...
3) Cd de música instrumental.

Desenvolvimento

Primeiro passo: Encaminhar

1) Os jornais são espalhados pelo centro da sala. Os participantes estão, de preferência, sentados numa roda.
2) O animador da dinâmica convida os participantes a escolherem livremente uma página de um dos jornais.
3) Consultam a página de jornal e lêem, em voz baixa, todas as manchetes que nela aparecem.
4) Deixar o tempo necessário para que possam folhear e ter contato com as manchetes na página de jornal que cada um tomou para si.

Segundo passo: Ouvir as manchetes

1) O animador convida os participantes a partilharem uma das manchetes que está na página de seu jornal. Dar o tempo necessário.

2) Depois da participação do maior número possível o coordenador convida os participantes para uma interpretação das manchetes que apareceram. Podem ajudar algumas provocações, tais como:

a) Se nas manchetes aparecem mais sinais de vida ou de morte.

b) Se há notícias nacionais e internacionais.

c) Quais as manchetes que falam de economia, de política, de religião?

d) Quais as notícias que falam dos problemas sociais?

e) Houve manchetes que falavam de esporte? Que retratavam algo da violência?

f) Quais as manchetes que falaram de coisas boas como da solidariedade, ecumenismo, justiça, vida nova, esperança...?

g) Você sentiu falta de alguma manchete? Qual?

3) Deixar o tempo necessário para esta primeira interpretação.

Terceiro passo: E você, nisto tudo?

1) Cada participante é convidado a pensar e a escrever – sobre a página de jornal que está em suas mãos – uma manchete que tenha relação:

a) Consigo mesmo: seus sentimentos, dificuldades, esperanças, sonhos...

b) Com o sentimento que está tendo em relação ao curso, em relação ao encontro, ao momento presente que está vivendo...

c) Com o tema de estudo ou debate do dia.

d) Com a vida como um todo.

e) Aqui é importante definir bem o tema, pois não se trata de criar qualquer manchete, mas uma frase criativa e interessante dentro de um contexto preciso em que se encontra cada pessoa do grupo ou o grupo como tal. Caberá à equipe coordenadora determinar este horizonte sobre o qual se deseja crescer.

2) O importante é que seja uma manchete atraente, que provoque curiosidade para a leitura. Daí a necessidade do uso da criatividade, capacidade esta muitas vezes adormecida na vida de muitos.

3) Depois da elaboração das manchetes, o animador convida a todos para partilharem a manchete que criaram.

4) Reservar o tempo necessário para esta escuta do outro.

Quarto passo: O que é mais fácil?

1) O coordenador convida todos para que rasguem o jornal em tiras, fiapos, pedacinhos.

2) Durante o rasgar é importante estarem atentos ao barulho no rasgar e ao tipo de sentimento que experimentam...

3) Os participantes – com as tiras ou pedaços de papel em mãos – construirão algo que tem a ver com o curso, com os sonhos que alimentam em sua vida, com o tema do encontro. Muitas vezes não é aconselhável dar sugestões, pois estas podem condicionar a construção. Geralmente são palavras, caminhos, estrelas, um sol, pontos de interrogação, casas... que aparecem. São construções que devem ser valorizadas, pois por trás de cada uma delas existe um sonho, uma esperança.

4) Motivá-los para que usem da criatividade e do espaço físico da sala de encontro.

5) Dá-se um tempo para este trabalho. Pode-se colocar uma música instrumental.

Quinto passo: Partilhar ou socializar as "construções"

1) As pessoas que forem terminando as suas construções podem caminhar pela sala e contemplar as "obras de arte" que os demais participantes estão construindo.

2) Depois do trabalho individual de construção, favorecer um tempo de partilha sobre:

a) O que você pensou, criou e construiu?

b) Por que você fez esta construção? O que quer dizer através da mesma?

Sexto passo: Interpretar é fundamental

1) Após a partilha não esquecer de fazer uma interpretação conjunta do todo da dinâmica.

2) Esta pode girar em torno de algumas questões de fundo, tais como:

a) O que você sentiu durante esta dinâmica?

b) O que foi fácil e o que foi difícil? (Ler? Criar manchete? Rasgar? Construir? Outros aspectos).

c) Qual a relação desta dinâmica com a sua e a nossa vida?

d) O que você leva desta dinâmica para a sua vida e para a sua missão neste mundo?

e) O que significa construir uma nova vida? Qual será a sua participação?

f) Pensar outras questões de fundo.

O compromisso e a ternura, a fé e a justiça, a ação e a contemplação, o meigo e o sério, a oração e a vida, o amar e o servir... sempre deveriam caminhar de mãos dadas ou serem as duas asas que nos fazem levantar vôo em novos horizontes (Canísio Mayer).

17
Fecho de ouro

> O que nos deve preocupar em relação à vida, a Deus e ao próximo não é o que não entendemos ou não sabemos sobre eles. Ao contrário, o que nos deve preocupar é o que sabemos e entendemos sobre os mesmos (Canísio Mayer).

Seguem três momentos especiais de reflexão, de encontros, de deserto, de mística... de parada. Eles nos convidam a abrir o coração e as mãos para *"DEIXAR A VIDA FLORESCER"*, *"ACENDER VELAS PELO CAMINHO"* e cultivar o *"DESEJO SER..."* Estes três textos pretendem ser um fecho de ouro deste livro de dinâmicas e poderão ser úteis em diferentes momentos da vida.

DEIXE A VIDA FLORESCER

Deixe a luz do dia
dissipar a escuridão da noite!
Deixe a resistência no bem
vencer a força do mal!
Deixe a capacidade de amar
ultrapassar a tentação do medo!
Deixe o momento presente
ser o instante do viver!
Deixe o coração ser afetivo
e o afeto permear o existir!
Deixe a ternura ser séria
e a seriedade ser terna!
Deixe a verdade abraçar o amor
e o amor beijar a verdade!
Deixe a mística oxigenar o seu ser
e o sabor do viver perfumar o seu fazer!
Deixe o silêncio falar!
Deixe os olhos brilhar!
Deixe as mãos acariciar!
Deixe os pés avançar!
Deixe a vida ser viva!
Deixe o coração vibrar!
Deixe o carinho acarinhar!
E deixe o amor amar!
Deixe...

Acenda velas pelo caminho

Com o acordar da esperança,
Com a orquestra da natureza,
Com o nascer de um novo dia,
a luz vence a escuridão.

A força do mistério de amor que desabrocha por todos os lados
faz abrir os olhos, faz levantar a cabeça,
faz encarar a vida de frente.

A força do amor em nossas vidas
É uma presença amiga e respeitosa,
faz olhar para os lados,
nos faz unir as mãos,
esta presença viva nos dá a certeza da vitória.

Esta luz que brilha em nossos olhos
é mais forte que a dor.
Esta esperança em nossos corações
é mais potente que o medo.
Este calor em cada abraço
é mais generoso que a tentação de ficar só.
E este beijo terno
é mais sincero que toda traição.

Não tenha medo de entrar nesta roda amiga,
de voar nas asas desses novos horizontes,
pois a sua presença
e o toque de sua mão amiga

faz-nos mais fortes,
faz-nos abrir caminhos novos,
faz-nos caminhar com perseverança e teimosia
faz-nos plantar belos sonhos em muitos corações.

Venha e uniremos as mãos,
pois sozinhos não seremos felizes.

De mãos dadas, irrigaremos nosso chão;
de mãos dadas, perfumaremos o caminho;
de mãos dadas, nosso coração bate mais forte;
de mãos dadas, nossos passos são mais confiantes.

De mão na mão, faremos pulsar a vida;
de mão na mão, dançamos um mundo novo;
de mão na mão, professamos que o dia vai nascer;
de mão na mão, vemos um novo olhar,
olhar que brilha e que faz o sonho novo.

Amigos!
Venham cantar e morar nesta canção,
estendam as mãos,
e juntos alargaremos corações,
venham sonhar a paz da justiça,
o prazer no caminhar juntos.

Venham escrever seus versos na areia,
Venham pintar os seus sonhos na terra firme, nas estrelas... nos corações.
Subamos no altar da vida, nas asas da liberdade,
ao horizonte da luz.

Traga suas flores, seu perfume
Venha com bom humor e alegria,
Acenda velas pelo caminho,
E façamos juntos a vida triunfar.

(Este texto é parte integrante da obra ***Na dinâmica da vida***, de Canísio Mayer, Vozes: 2004, e pode ser fotocopiado exclusivamente para a execução da dinâmica.)

DESEJO SER...

Desejo ser...
Calor que aproxima,
Ternura que afaga,
Alegria que contagia,
Força que entusiasma.
Quero ser...
Saber que constrói,
Firmeza que orienta,
Palavra que encoraja,
Amor que promove.
Desejo ser....
Olhar que compreende,
Ombro que repousa,
Abraço que perdoa,
Coração que acolhe.
Quero ser...
Igualdade que une,
Diferença que enriquece,
Inusitado que tolera,
Novidade que encanta.
Desejo ser...
Noite que descansa,
Dia que amanhece,
Mão que acaricia,
Pés que avançam.
Quero ser...
Consolo que conforta,
Silêncio que respeita,
Desejo que sacia,
Respeito que dignifica.
Quero e desejo ser...
Sentimento que floresce,
Desejo que deseja,
Amor que ama,
E presença que dê sabor.

Bibliografia

ANDRADE, Carlos Drummond de. *Antologia poética*. Rio de Janeiro: Record, 2002.

BEAUCHAMP, Paul. *La Loi de Dieu*. Paris: Éditions du Seuil, 1999.

BORGES, Giovanna Leal. *Dinâmicas de grupo*. Petrópolis: Vozes.

BRUNNER-TRAUT, Emma. *Os fundadores das grandes religiões*. Petrópolis: Vozes, 2000.

CASALDÁLIGA, Pedro. *Tierra nuestra, libertad*. Buenos Aires: Guadalupe, 1974.

GUTIÉRREZ, Gustavo. *Beber no próprio poço*. Petrópolis: Vozes, 1987.

KING, Martin Luther. *Quando eu morrer!* Disponível em: http://www.renovado.transvidias.com.br/luther.htm Acesso em 05 maio 2004.

MARINS, José; TREVISÁN, Teolide Maria; CHANOVA, Carole. *Dinámicas*. Série Pastoral, 17. Centro de Reflexão Teológica, A.C. – México – Distrito Federal.

MARTINI, Carlo M. *Maria, la mujer de la reconciliación*. Santander: Bilbao: Sal Terrae.

MAYER, Canísio. *Encontros que marcam*. São Paulo: Paulus, 2001.

— *Viver e Conviver*. São Paulo, Paulus, 1997.

MELLO, Anthony de. *O canto do pássaro*. São Paulo: Loyola, 1982.

MESTERS, Carlos. *Com Jesus na contramão*. São Paulo: Paulinas, 1995.

MONSIOR, Jean-Paul. *Chemins d'humanisation*. Bruxelas: Lumen vitae, 1998.

OLENIKI, Marilac Loraine R.; DALDEGAN, Viviane Mayer. *Encantar*. Petrópolis: Vozes, 2003.

PESESCHKIAN, Nossrat. *Viver com sentido.* Petrópolis: Vozes, 2003.

RAVIER, André. *Em retraite chez soi.* Saint-Maur: Parole et Silence, 1998.

SOBRINO, Jon. *La fé em Jesucristo.* Valladolid: Trotta, 1999.

Índice

EDITORA VOZES

SEDE E SHOWROOM

PETRÓPOLIS, RJ
Internet: http://www.vozes.com.br
(25689-900) Rua Frei Luís, 100
Caixa Postal 90023
Tel.: (0xx24) 2233-9000
Fax: (0xx24) 2231-4676
E-mail: vendas@vozes.com.br

UNIDADE DE VENDA NO EXTERIOR

PORTUGAL
Av. 5 de Outubro, 23
R/C 1050-047 Lisboa
Tel.: (00xx351 21) 355-1127
Fax: (00xx351 21) 355-1128
E-mail: vozes@mail.telepac.pt

UNIDADES DE VENDA NO BRASIL

APARECIDA, SP
Varejo
(12570-000) Centro de Apoio aos Romeiros
Setor "A", Asa "Oeste"
Rua 02 e 03 – lojas 111/112 e 113/114
Tel.: (0xx12) 3104-1117
Fax: (0xx12) 3104-1118

BELO HORIZONTE, MG
Atacado e varejo
(30130-170) Rua Sergipe, 120 – loja 1
Tel.: (0xx31) 3226-9010
Fax: (0xx31) 3222-7797
Varejo
(30190-060) Rua Tupis, 114
Tel.: (0xx31) 3273-2538
Fax: (0xx31) 3222-4482

BRASÍLIA, DF
Atacado e varejo
(70730-516) SCLR/Norte, Q 704, Bl. A, nº 15
Tel.: (0xx61) 326-2436
Fax: (0xx61) 326-2282

CAMPINAS, SP
Varejo
(13015-002) Rua Br. de Jaguara, 1097
Tel.: (0xx19) 3231-1323
Fax: (0xx19) 3234-9316

CUIABÁ, MT
Atacado e varejo
(78005-970) Rua Antônio Maria Coelho, 197 A
Tel.: (0xx65) 623-5307
Fax: (0xx65) 623-5186

CURITIBA, PR
Atacado e varejo
(80020-000) Rua Voluntários da Pátria, 41 – loja 39
Tel.: (0xx41) 233-1392
Fax: (0xx41) 224-1442

FLORIANÓPOLIS, SC
Atacado e varejo
(88010-030) Rua Jerônimo Coelho, 308
Tel.: (0xx48) 222-4112
Fax: (0xx48) 222-1052

FORTALEZA, CE
Atacado e varejo
(60025-100) Rua Major Facundo, 730
Tel.: (0xx85) 231-9321
Fax: (0xx85) 221-4238

GOIÂNIA, GO
Atacado e varejo
(74023-010) Rua 3, nº 291
Tel.: (0xx62) 225-3077
Fax: (0xx62) 225-3994

JUIZ DE FORA, MG
Atacado e varejo
(36010-041) Rua Espírito Santo, 963
Tel.: (0xx32) 3215-9050
Fax: (0xx32) 3215-8061

LONDRINA, PR
Atacado e varejo
(86010-160) Rua Senador Souza Naves, 158c
Tel.: (0xx43) 3337-3129
Fax: (0xx43) 3325-7167

MANAUS, AM
Atacado e varejo
(69010-230) Rua Costa Azevedo, 105 – Centro
Tel.: (0xx92) 232-5777
Fax: (0xx92) 233-0154

PETRÓPOLIS, RJ
Varejo
(25620-001) Rua do Imperador, 834 – Centro
Telefax: (0xx24) 2246-5552

PORTO ALEGRE, RS
Atacado
(90035-000) Rua Ramiro Barcelos, 386
Tel.: (0xx51) 3225-4879
Fax: (0xx51) 3227-6180
Varejo
(90010-273) Rua Riachuelo, 1280
Tel.: (0xx51) 3226-3911
Fax: (0xx51) 3226-3710

RECIFE, PE
Atacado e varejo
(50050-410) Rua do Príncipe, 482
Tel.: (0xx81) 3423-4100
Fax: (0xx81) 3423-7575

RIO DE JANEIRO, RJ
Atacado
(20031-143) Rua México, 174 – sobreloja – Centro
Tel.: (0xx21) 2215-6386
Fax: (0xx21) 2533-8358
Varejo
(20031-143) Rua México, 174 – Centro
Telefax: (0xx21) 2220-8546

SALVADOR, BA
Atacado e varejo
(40060-410) Rua Carlos Gomes, 698-A
Tel.: (0xx71) 329-5466
Fax: (0xx71) 329-4749

SÃO PAULO, SP
Atacado
(03168-010) Rua dos Trilhos, 627 – Moóca
Tel.: (0xx11) 6693-7944
Fax: (0xx11) 6693-7355
Varejo
(01006-000) Rua Senador Feijó, 168
Tel.: (0xx11) 3105-7144
Fax: (0xx11) 3107-7948
Varejo
(01414-000) Rua Haddock Lobo, 360
Tel.: (0xx11) 3256-0611
Fax: (0xx11) 3258-2841

PARCERIAS

BOA VISTA, RR
Varejo
Comércio Varejista de Livros Nepomuceno e Padilha Ltda.
(69301-300) Rua José Coelho, 119 – Centro
Telefax: (0xx95) 624-1221

CAMPOS DOS GOITACAZES, RJ
Varejo
W.T. Castro Livraria e Papelaria Ltda
(28027-140) Rua Visconde de Itaboraí, 169 – Parque Rosário
Tel.: (0xx22) 2735-0003 e 2733-0967
Fax: (0xx22) 2733-0807

SÃO LUÍS, MA
Varejo
J.M.F. de Lira Comércio e Representações de Livros e Artigos Religiosos
(65010-440) Rua da Palma, 502 – Centro
Tel.: (0xx98) 221-0715
Fax: (0xx98) 231-0641

xx – CÓDIGO DAS PRESTADORAS DE SERVIÇOS TELEFÔNICOS PARA LONGA DISTÂNCIA.